처음
세계사

처음 세계사

❶ 인류의 등장과 고대 국가의 성립

초판 1쇄 발행 2014년 4월 25일
초판 6쇄 발행 2023년 11월 1일

글 초등 역사 교사 모임 그림 한동훈, 이희은
감수 서울대 뿌리 깊은 역사 나무
발행인 양원석 발행처 (주)알에이치코리아(등록 2004년 1월 15일 제2-3726호)
주소 서울시 금천구 가산디지털2로 53, 20층(한라시그마밸리)
편집 문의 02-6443-8921 도서 문의 02-6443-8800
홈페이지 rhk.co.kr 블로그 blog.naver.com/randomhouse1 포스트 post.naver.com/junior_rhk
인스타그램 @junior_rhk 페이스북 facebook.com/rhk.co.kr

ISBN 978-89-255-5714-4 (74900)
ISBN 978-89-255-2418-4 (세트)

① 인류의 등장과 고대 국가의 성립

처음 세계사

초등 역사 교사 모임 글 | 한동훈 · 이희은 그림
서울대 뿌리 깊은 역사 나무 감수

주니어 RHK

타임머신을 타고 떠나는 세계사 여행

세계사 속에는 아주 많은 인물과 사건들이 담겨 있습니다. 그래서 어린이들이 너무 복잡하고, 어렵다고 생각하여 쉽게 포기해 버릴 수도 있지요. 하지만 세계사가 꼭 복잡하고, 어렵기만 한 것은 아닙니다.

넓은 땅을 정복한 알렉산드로스 대왕의 이야기, 초원의 황제 칭기즈 칸의 이야기는 한 편의 영화 같은 흥미진진한 모험담이기도 합니다. 그뿐인가요? 우리와 가까운 이웃 나라 일본과 중국의 이야기는 친숙하고 흥미롭습니다. 조금은 먼 나라여서 낯설기도 하지만, 그만큼 신비하고 새로운 페르시아와 아프리카의 이야기도 있지요. 세상 어디에 내놓아도 자랑스러운 한글을 만든 세종대왕, 목숨을 걸고 나라를 지킨 안중근 의사의 이야기는 애국심과 감동도 느끼게 합니다.

이 모든 사람과 나라가 어우러져 만들어 낸 이야기가 바로 세계사입니다. 〈처음 세계사〉는 이 이야기들을 동화처럼, 옛날이야기처럼, 영화처럼 신 나고 흥미롭게 풀어서 보여 주지요. 세계사가 복잡하고, 어렵다는 생각을 잠시 내려놓고 책을 펼쳐 보세요. 세상 그 어떤 이야기보다 재미있는 이야기들을 만나 볼 수 있을 거예요.

세계사는 다른 나라들의 이야기가 아니라 곧 '우리'의 이야기입니다. 오늘날 우리는 하루 이틀이면 지구상의 어느 곳이든 갈 수 있는데다가, 우리가 살고 있는 지금 순간순간이 내일의 세계사가 될 테니까요.

역사는 흔히 미래를 내다보는 거울이라는 말이 있지요. 우리는 곧 더 넓은 세상으로 나가, 때로는 그들과 경쟁하며, 혹은 큰 목표를 함께 이루기도 할 것입니다. 그리고 우리가 알고 있는 역사가 교훈이 되고, 안내자가 되어 넓은 세상으로의 길을 함께해 줄 것입니다.

자, 이제 타임머신을 타고 세계사를 여행할 시간입니다. 〈처음 세계사〉를 통해 오늘날 우리의 모습과 내일을 찾아보세요!

초등 역사 교사 모임

처음 세계사

〈처음 세계사〉는 초등학교 선생님과 동화 작가 선생님이 어린이가 세계사와 친해질 수 있도록 쉽고 재미있게 풀어 쓴 세계사 이야기입니다.

재미와 정보를 주는 그림과 사진, 쏙 빠져드는 이야기로 실제 역사를 모험하듯 세계사의 전체적인 흐름을 자연스럽게 익힐 수 있습니다.

이 책의 구성과 활용

역사 속 인물이 직접 전해 주는 이야기를 통해 당시 시대적 특징을 재미있게 알아볼 수 있어요.

역사 속 사건과 유물, 인물 등을
그림과 사진으로 함께 구성하여
친절하게 설명했어요.

깊이 보는 역사 페이지를 통해
각 장의 내용을 한 번 더 정리하고,
본문에서 미처 다루지 못했던
흥미로운 이야기를 들려줍니다.

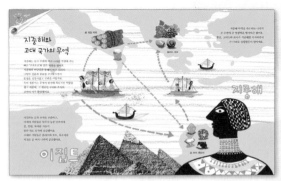

중요한 사건들을 연표를 통해
한번에 파악할 수 있어요.
각 나라와 시대를 대표하는 유물 사진과
그림을 보며 세계사의 흐름을 익혀 보세요.

차 례

글쓴이의 글 • 4

시리즈 소개 • 6

1장 인류의 등장과 신석기 혁명

인류가 등장하다 • 12

진화하는 인류 • 13

이동 생활을 시작한 사람들 • 17

농경과 목축을 시작한 사람들 • 20

[깊이 보는 역사] 구석기 시대와 신석기 시대는 어떻게 달랐을까? • 24

2장 문명의 발생

문명이 시작되다 • 28

메소포타미아 문명의 발생 • 30

바빌로니아 왕국의 번영 • 33

이집트 문명의 발생 • 37

이집트 왕국의 번성 • 40

인더스 문명의 발생 • 45

신앙심이 깊은 아리아 사람들 • 48

황하 문명의 발생 • 51

주나라의 봉건 제도 • 53

[깊이 보는 역사] 대표 유물로 살펴보는 4대 문명의 특징 • 56

3장 오리엔트 세계의 통일

오리엔트 문명의 영향 • 60

트로이 전쟁과 미케네 문명 • 62

페니키아와 알파벳의 기원 • 64

세계 최초의 도서관 • 66

신바빌로니아와 공중 정원 • 70

페르시아의 오리엔트 통일 • 72

[깊이 보는 역사] 지중해와 고대 국가의 무역 • 76

4장 고대 그리스의 성장

그리스의 폴리스들 • 80

민주 정치를 꽃피운 아테네 • 83

혹독한 훈련을 한 스파르타 • 85

그리스와 페르시아의 전쟁 • 88

펠로폰네소스 전쟁, 그리스의 몰락 • 91

고대 그리스가 남긴 문화유산 • 94

알렉산드로스 대왕의 동방 원정 • 96

아시아까지 전파된 헬레니즘 문화 • 100

[깊이 보는 역사] 예술 작품으로 보는 그리스 문화 • 104

5장 중국의 통일 국가 출현

춘추 전국 시대가 열리다 • 108

만리장성을 쌓은 진나라 • 112

유방과 항우, 한나라의 탄생 • 117

비단길이 열리다 • 119

후한의 등장과 멸망 • 123

[깊이 보는 역사] 비단길의 흔적을 찾아서 • 128

찾아보기 • 130 / 연표 • 137

1장 인류의 등장과 신석기 혁명

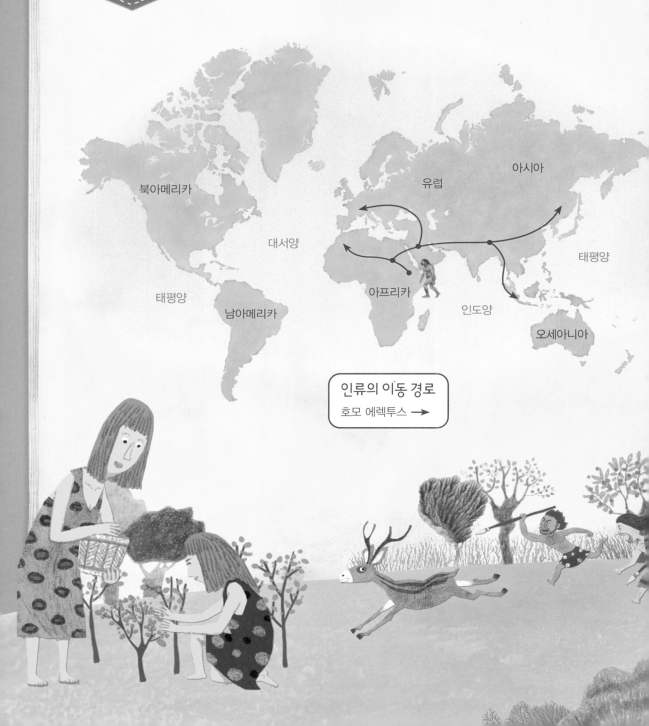

북아메리카

유럽

아시아

대서양

태평양

아프리카

태평양

남아메리카

인도양

태평양

오세아니아

인류의 이동 경로

호모 에렉투스 →

휴, 힘들다. 오늘은 돌을 갈아서 돌도끼를 만들었어. 새로 만든 돌도끼는 돌을 깨서 만든 돌도끼보다 훨씬 날카롭고 정교한 모양이 되었지. 맞아, 요즘에는 뭐든 갈아서 만들어. 얼마 전에는 화살촉을 만들었는데, 슴베찌르개보다 훨씬 날카롭더라고. 그걸로 아빠랑 멧돼지를 사냥했는데, 정말 효과가 좋았어. 내일부터는 맷돌을 만들 거야. 맷돌은 거둬들인 곡식을 가는 데 필요한 도구야. 그걸 다 만들면, 아빠가 밭을 갈 때 필요한 쟁기를 만들어 보자고 하셨어. 앞으로는 더 많은 도구를 만들어 볼까 해. 사냥이나 농사짓는 데 필요한 도구 말이야.

인류가 등장하다

 유인원

긴팔원숭이, 고릴라, 침팬지, 오랑우탄 등의 포유류를 통틀어 이르는 말이야.

 빙하기

중위도 지역까지 빙하가 존재했던 시기야.

인류의 아주 먼 조상은 유인원이었어요. 유인원은 울창한 숲 속의 나무 위에서 열매를 따 먹으며 살았어요. 먹을 것이 풍부해서 땅으로 내려올 필요도 없었지요.

하지만 빙하기가 찾아오면서 엄청난 추위가 시작되었어요. 어떤 곳은 얼음으로 뒤덮였고, 유인원이 살던 숲은 초원으로 변했어요. 이때 기온 변화에 적응하지 못한 수많은 생물이 사라졌지요. 열매도 예전처럼 풍부하지 않아서 유인원은 땅으로 내려와 먹을 것을 구해야 했어요.

하지만 땅은 아주 위험한 곳이었어요. 때때로 맹수가 공격을 했고, 먹을 것을 구하는 일도 어려웠지요.

이때, 땅 위에서 생활하게 된 유인원들은 허리를 곧게 펴면 새로운 환경에 쉽게 적응할 수 있다는 것을 깨달았어요.

두 발로 걷다 보니 두 손이 자유로워져서 물건을 나르기에 편리했지요. 이동을 할 때도 빠르고 효율적이었어요.

허리를 쭉 펴니까
멀리 내다볼 수도 있고,
맹수의 움직임도 잘 보여.

게다가 똑바로 서서 걷다 보니 머리가 항상 어깨 위에 고정되었고, 목구멍과 입안의 공간이 넓어졌어요. 이는 인간이 다양한 소리를 내는 데 큰 도움이 되었지요. 집단생활을 하면서 의사소통이 필요하게 된 유인원들은 마침내 소리를 내서 서로에게 위험을 알리고, 필요한 말을 주고받을 수 있게 되었어요.

이렇게 최초의 인류는 아주 오랜 시간을 거쳐 유인원과 구분되기 시작했는데, 이들을 오스트랄로피테쿠스라고 불러요.

 ## 진화하는 인류

오스트랄로피테쿠스는 약 300만 년 전, 아프리카 동부 지역에 살았어요. 하지만 이들이 지금 인류의 직접적인 조상은 아니었어요. 외모는 아직 유인원에 가까웠고, 뇌의 크기도 지금 인류의 3분의 1에 불과했답니다.

오스트랄로피테쿠스는 자유로워진 손으로 돌을 깨거나 떼어서 간단한 도구를 만들 줄 알았어요. 그것으로 나무를 다듬거나 뿌리를 캐고, 짐승의 가죽을 벗기는

 **오스트랄로 피테쿠스**

1924년에 남아프리카 타웅에서 발견된 화석 인류야. 직립 보행을 했다는 점에서 유인원보다 인류에 가까워.

구석기 시대

약 400만 년 전부터 1만 년 전까지 인류가 뗀석기를 만들어 채집과 사냥을 하던 때를 말해.

뗀석기
찍는 날과 자르는 날을 가진 이런 뗀석기를 '주먹 도끼'라고 부른다.

데 사용했지요. 이런 도구를 바로 뗀석기라고 해요. 그리고 뗀석기를 쓰던 시기를 구석기 시대라 부른답니다.

약 170~150만 년 전에는 오스트랄로피테쿠스보다 뇌의 크기가 훨씬 큰 직립 인류가 나타났어요. 이들은 외모도 침팬지보다는 사람에 가까웠고, 이전보다 훨씬 다양한 도구를 만들 수 있었어요. 주먹 도끼를 비롯해서 찍개, 돌칼 같은 도구를 만들어 사냥도 했고, 여러 가지 곡식을 채집해 먹기도 했지요.

인도네시아의 자바인, 중국의 베이징인, 독일의 하이델베르크인 들이 바로 그들이었어요. 이들을 호모 에렉투스라고 부른답니다.

호모 에렉투스는 불도 다룰 줄 알았어요.

"콰르릉! 콰쾅! 번쩍!"

처음에는 번개와 같은 자연 현상에서 우연히 얻은 불씨를 살려 동굴을 밝히거나 횃불을 만들어 짐승들을 쫓았지요. 추위를 쫓는 데도 불이 유용하다는 것을 알게 되었어요. 또, 언제나 환하게 불을 켜 놓을 수 있게 되면서 밤에도 생산적인 활동을 할 수 있게 되었어요.

"와! 불을 밝혀 놓으니까, 밤에도 간단한 일은 할 수 있겠어. 캄캄하지 않아!"

호모 에렉투스는 불을 이용해 음식을 익혀 먹었어요. 익힌 음식은 날것보다 소화가 잘 되었고, 풍부한 영양 섭취를 할 수 있게 도왔어요. 이 덕분에 호모 에렉투스는 몸이 더 튼튼해졌고, 특히 두뇌가 발달했답니다. 한층 더 슬기로운 생활을 할 수 있게 된 거예요.

마침내 40~25만 년 전에는 호모 에렉투스보다 더 진화한 인간이 나타났어요. 바로 호모 사피엔스예요. 화석이 독일의 네안데르탈 동굴에서 발견되었기 때문에 '네안데르탈인'이라고도 부르지요. 이들은 유럽 일대에 살았고 뇌의 크기가 지금의 인류와 거의 비슷했어요. 도구로 사용할 돌을 선택할 때도 더 단단한 돌을 골랐고, 돌을 깎는 방법도 세련되었지요.

그런가 하면 네안데르탈인들은 동물의 뼈를 이용해 귀고리와 같은 장식품을 만들고, 시신을 매장하기 시작했어요. 시신과 함께 그릇이나 화살도 함께 묻었는데, 이것은 네안데르탈인이 죽음 이후의 세계를 생각했다는 증거라고 할 수 있어요. 즉 원시적(16쪽)인 종

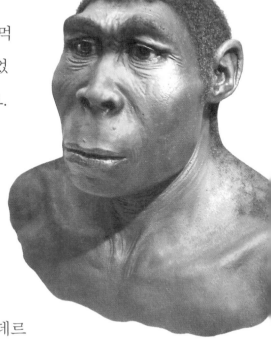

호모 에렉투스
직립 원인(선 사람)이라고도 한다. 유인원과 현재 인류 중간 단계의 화석 인류이다.

호모 사피엔스
슬기로운 사람이라는 뜻으로, 네안데르탈인과 현생 인류를 포함하는 화석 인류야.

원시적

처음 시작된 그대로 발달하
지 않은 상태를 말해.

호모 사피엔스
    사피엔스

'슬기슬기 사람'이라고도 하
며, 신체적 특징이 현대인과
비슷한 화석 인류지.

교를 믿기 시작한 것이에요. 하지만 지금의 인류와 똑같지는 않았답니다.

지금 인류의 직접적인 조상이 나타난 것은 4만 년 전, 빙하기가 끝날 무렵이었어요. 이들을 호모 사피엔스 사피엔스라 불러요. 이들 중, 프랑스 도르도뉴 부근의 크로마뇽 동굴에서 화석이 발견된 크로마뇽인은 뇌의 크기나 몸의 모양이 지금의 유럽 사람들과 아주 흡사했지요. 이들은 돌도끼와 같은 석기는 물론이고 활과 화살도 만들 줄 알았어요. 뿐만 아니라 동물의 뼈를 이용해 작살과 그물 같은 낚시 도구를 만들어 호수나 강가에서 먹을거리를 찾았어요. 그리고 바늘을 만들어 짐승 가죽을 꿰매 옷을 만들어 입기도 했어요.

인류는 이런 과정을 거쳐 진화했고, 아프리카에서 유

인류의 진화 과정

오스트랄로피테쿠스
• 뇌 용량 400~700cc
최초의 인류야.
남쪽에서 발견된 원숭이란 뜻이야.

호모 에렉투스
• 뇌 용량 800~1300cc
곧선 사람, 즉 직립 보행을 한 사람이라는 뜻이야.
불을 이용하고 도구를 만들었어.
언어를 사용했어.

약 300만 년 전   약 170~150만 년 전

럽과 아시아로, 또 아메리카 대륙으로 이동하며 지구상
에 널리 흩어져 살기 시작했답니다.

 ## 이동 생활을 시작한 사람들

구석기 시대 초기의 사람들은 맹수의 공격을 피해 다
니며 나무 열매를 따 먹거나 식물의 줄기나 뿌리를 캐
먹는 식으로 채집 생활을 했어요. 그러다가 도구를 사
용할 줄 알게 되었고, 불을 다룰 줄 알게 되면서 사냥
을 시작했지요.

특히 구석기 사람들이 만든 돌도끼, 돌칼 같은 뾰족
하고 날카로운 도구는 동물을 잡는 데 아주 요긴하게

호모 사피엔스
(네안데르탈인)

• 뇌 용량 1300~1600cc
지혜로운 사람이라는 뜻이야.
죽은 사람을 매장했어.

호모 사피엔스 사피엔스
(크로마뇽인, 상동인)

• 뇌 용량 1400~1800cc
동굴 벽화를 남겼어.
현대인과 가장 비슷한 화석 인류야.

약 40~25만 년 전   약 4만 년 전

빌렌도르프의 비너스
1909년 오스트리아의 빌렌도르프에서 발견된 여인의 나체상이다. 풍만한 여인상을 만들어서 다산을 기원하는 대상이었거나, 주술의 도구였을 것으로 추측된다.

쓰였어요. 구석기 시대 후기에 만들어진 창과 화살은 동물을 사냥할 때, 부상의 위험을 많이 줄여 주었어요. 가까이 접근하지 않고도 멀리 있는 동물을 사냥할 수 있었으니까요. 나아가 작살과 낚싯바늘을 만들어 강과 바다의 물고기까지 잡을 수 있게 되면서 먹을거리가 이전보다 풍부해졌어요.

하지만 한군데 오래 머물 수는 없는 노릇이었어요.

"이제 이곳에는 더 이상 사냥할 동물이 없어. 열매도 거의 다 따 먹었는걸!"

사냥과 채집을 위해서는 먹을거리가 풍부한 곳으로 자주 이동해야 했어요. 이동을 할 때는 무리를 지어 다녔어요. 동물의 공격이나 여러 가지 위험에 대비하기 위해서였어요. 보통 사냥은 남자들이 맡았고, 여자들은 식물을 채집하거나 아이들을 돌보는 일을 했답니다.

구석기 사람들은 주로 동굴에서 살았어요. 동굴은 추위와 짐승의 공격을 피하기에 안성맞춤인 장소였지요.

구석기 사람들은 바로 그 동굴에 벽화를 남기기도 했어요.

프랑스의 도르도뉴에 있는 라스코 동굴 벽화와 스페인의 산탄데르에 있는 알타미라 동굴 벽화가 바로 그 것이에요. 이 벽화에는 사슴과 말, 소와 같은 짐승들이 빨강, 노랑, 검정 등의 색깔로 생생하게 표현되어 있어요.

알타미라 동굴 벽화
들소, 사슴 같은 동물을 역동적이고 세련되게 표현해 '구석기 시대의 박물관'이라는 평가를 받고 있다.

구석기 사람들이 이러한 그림을 그린 것은 단순히 예술적인 즐거움을 느끼기 위한 게 아니었을 거예요. 추측이기는 하지만, 짐승을 더 많이 잡기 위한 기원을 담아서 그린 그림이라는 주장이 있어요. 혹은 사냥한 짐승들의 영혼을 달래기 위해서 그렸다고 생각하는 학자들도 있답니다.

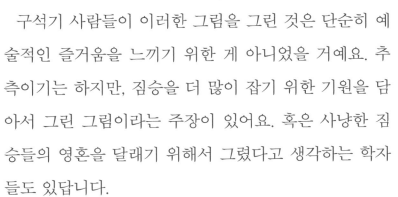

농경과 목축을 시작한 사람들

채집과 사냥을 하면서 떠돌던 사람들은 물고기가 많고, 식물이 잘 자라 열매가 풍성하게 맺는 강가에서 더 오래 머물게 되었어요. 그러다 먹고 버린 식물의 씨에서 싹이 트고, 그것이 다시 자라 열매를 맺는다는 사실을 우연히 깨닫게 되었어요.

"씨앗을 뿌려 가꾸면 더 많은 먹을거리를 얻을 수 있어!"

사람들은 먹을 수 있는 열매의 씨앗을 보관했다가 심기를 반복했지요. 그러다 어떤 열매가 먹을거리로 키울 수 있는지 알게 되었고요. 이때부터 사람들은 처음으로 여러 가지 과일과 야생 밀, 야생 보리와 같은 작물들을 재배하기 시작했어요.

그리고 한곳에 눌러앉았어요. 농사를 짓고 정착 생활을 하기 시작한 것이에요. 게다가 인구도 꾸준히 늘어서 떠돌이 생활을 하는 것보다 한곳에 머무는 게 더 안전하다고 생각했어요.

농사를 짓기 위해서는 더욱 다양하고 정교한 도구가 필요해졌어요. 사람들은 옛날과는 다르게 돌을 갈아서 사용해 보았어요. 갈아서 도구를 만드는 것이, 깨서 도구를 만드는 것보다 훨씬 날카롭고 더 정교했지요. 이렇게 갈아서 만든 석기를 간석기라고 불러요. 간석기를 쓰던 시대를 신석기 시대라고 해요.

신석기 사람들은 곡물을 빻는 데 필요한 맷돌 같은 석기도 만들었어요. 농사 기술은 빠르게 발전해 갔어요.

점차 먹을거리가 풍부해졌고, 곡물을 보관할 필요성도 생겼어요. 그래서 사람들은 토기를 만들었어요. 그리고 가축도 기르기 시작했답니다.

"저것 봐! 굶주린 늑대에게 먹을 것을 주었더니, 우리 주위에서 떠나질 않네. 키워 볼까?"

개와 소, 양과 염소, 돼지와 같은 동물들이 인간에게 길들여졌어요.

동물들은 사람들에게 고기와 가죽을 제공했어요. 뿐만 아니라 집을 지키기도 하고 사냥을 돕거나 젖과 노

간석기

뗀석기와는 다르게 돌을 갈아서 만든 석기를 말해.

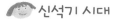

신석기 시대

약 1만 년 전에 인류가 간석기를 만들어 농경과 목축을 했던 때야.

빗살무늬 토기
신석기 시대를 대표하는 토기 중 하나로, 서울 암사동에서 출토되었다. 표면에 선을 이용한 규칙적인 무늬를 새겨 넣었다.

방적

동식물의 섬유를 가공해 실
을 뽑는 것을 말해.

동력을 제공했지요. 또, 양과 염소의 털을 이용해서 옷을 지어 입기도 하고요. 그에 따라 방적 기술이 개발되기 시작했어요.

사람들의 삶은 크게 바뀌어 갔어요. 사냥이 완전히 없어진 것은 아니었지만, 정착 생활이 본격적으로 자리 잡기 시작했어요.

시간이 조금 더 지난 후, 청동기 시대 때에는 과거와 달리 생산물이 남아돌기 시작했어요. 자연히 더 많이 가진 사람과 적게 가진 사람의 차이도 생겨나게 되었

솔즈베리 평원의 미스터리 건축물, 스톤헨지

신석기 시대부터 청동기 시대까지 가장 유명한 건축물은 영국의 솔즈베리 평원에 있는 스톤헨지랍니다. 어마어마하게 큰 돌기둥이 원형을 그리며 세워져 있지요. 형태로 보아 이 거대한 돌들은, 자연히 생겨난 것이 아니라 누군가에 의해 정교하게 건축되었음을 알 수 있어요. 스톤헨지를 이루고 있는 돌들은 크기만 해도 4미터가 넘는 것들이 대부분이며, 돌들이 만들고 있는 지름만 30미터가 넘어요. 실제로 솔즈베리 평원 주위에는 그만한 돌이 있을 만한 곳이 없기 때문에, 스톤헨지를 건설하기 위해서 멀리서 돌을 운반해 왔을 것이라고 추측하고 있어요. 과거 사람들이 이 거대한 건축물을 지은 이유를 정확히 알 수 없어서 더 미스터리한 건축물로 남아 있답니다.

지요. 또, 사람들이 하는 일도 세분화되었어요.

"나는 식량을 보관하는 일을 할 테니, 당신은 식량을 운반하는 일을 하고, 당신은 토기를 만드는 일을 하시오."

불평등이 발생하고 계급도 생겨났지요. 또한 자신이 가진 것을 자식들에게 물려주면서 지위와 권력이 그대로 이어졌어요. 씨족 사회에서 부족 사회로 발전하게 된 거예요.

씨족 사회

같은 조상을 가진 혈연 공동체가 모여 만들어진 원시 사회야. 모든 것을 공동으로 생산하고 똑같이 나누어 썼어.

부족 사회

씨족이 모여 하나의 부족을 이루어 생활하는 공동체 사회야. 이때부터 사유 재산이 생겨났어.

도구가 발전하면서 인류가 어떻게 진화했는지 이야기해 보자.

구석기 시대와 신석기 시대는 어떻게 달랐을까?

떠돌아다니면서 동굴과 같은 곳에서 살았어요.

돌을 깨서 도구를 만들었어요.

야생 동물을 사냥했어요.

주로 사냥과 채집으로 먹을 것을 구했어요.

구석기 시대

신석기
시대

강가에 집을 짓고,
한곳에 정착하여
살기 시작했어요.

야생 동물 중에서
길들이기 쉬운 동물들을
집에서 기르기 시작했어요.

돌을 갈아서 더 정교하고
예리한 도구를 만들었어요.

사냥과 채집을 하기도 했지만,
곡식을 가꾸기 시작했어요.

2장 문명의 발생

대서양

메소포타미아 문명

인더스 문명

황하 문명

지중해

티그리스강

이집트 문명

유프라테스강

인더스강

황하강

나일강

뱅골만

태평양

인도양

4대 문명의 발상지

내 이름은 핫산이야. 지금 나는 멤피스 가까운 곳, 파라오의 무덤
인 피라미드 공사장에 와 있어. 때마다 농사를 짓지 않는 계절이 되
면 1만 명이 넘는 인부가 나처럼 피라미드를 짓는 일에 동원되지. 돌 한 장의 무
게만 해도 어른 몸무게의 수십 배가 넘는데다가, 돌을 꼭대기까지 들어 올리는
일까지 전부 사람의 손으로 해야 해. 때문에 정말 위험하고 힘든 일이야. 하지
만 일한 대가를 받기 때문에 많은 사람들이 일을 하고 있어.

문명이 시작되다

농사를 짓기 시작한 사람들은 농사가 더 잘될 수 있는 땅을 찾았어요. 농사에 가장 필요한 것은 풍부한 물이었어요. 그래서 자연스럽게 강가에 모여들었어요.

특히 강의 하류는 상류로부터 흘러내려 온 고운 흙이 쌓여 비옥한 땅을 만들었지요. 풍부한 물과 비옥한 땅은 더 많은 곡식을 얻게 해 주었어요. 사람들은 홍수를 막기 위해 둑을 쌓거나, 가뭄에 대비하기 위해서 저수지를 만들기도 했어요. 물론 농사에 쓸 도구도 계속해서 만들었어요.

생산력이 높아지자, 사람들은 충분하게 먹고도 식량이 남기 시작했어요. 사람들은 남는 식량과 물건을 이웃과 교환하면서 꾸준히 교류했어요. 그러는 동안 더 많은 사람이 강가에 모여들었고, 자연스레 큰 마을이 생겨났어요. 그들은 서로 싸우거나 부족을 통합했고, 마을의 규모가 커지면서 도시가 세워졌어요.

도시에서는 부와 권력을 가진 사람들이 통치자가 되어 다수의 사람들을 다스렸어요. 도시는 통치 조직을 갖추고, 국가의 모습을 갖추어 가기 시작했어요. 이러한 과정을 거치면서 문명이 발생하게 되었지요.

 통치자

나라나 지역을 맡아서 다스리는 사람이야.

국가

일정한 땅과 그 땅에 사는 사람들로 구성되고, 나라를 다스리는 조직을 갖고 있는 사회 집단을 말해.

4대 문명이라 불리는 메소포타미아 문명, 이집트 문명, 인더스 문명, 황하 문명은 모두 강에서 시작되었어요. 메소포타미아 문명은 티그리스강과 유프라테스강, 이집트 문명은 나일강, 인더스 문명은 인더스강, 황하 문명은 황하강과 양쯔강 유역에서 일어났어요.

이 지역은 모두 아열대성 기후여서 사람이 살기에 좋았어요. 그리고 강이 자주 범람하면서, 상류로부터 운반되어 온 흙이 비옥한 땅을 만들었지요. 뿐만 아니라 강은 어업이 가능했고, 교통로의 역할을 하면서 사람과 물자의 교류가 활발하게 일어나도록 했어요.

문명

사람들이 원시적인 생활에서 벗어나, 물질적, 기술적, 사회 구조적인 발전을 이뤄 세련된 사회와 삶을 만들어 낸 것을 말해.

4대 문명

세계에서 가장 먼저 문명을 발달시킨 메소포타미아 문명, 이집트 문명, 인더스 문명, 황하 문명을 말해.

인류는 정착과 농경 생활을 시작하면서 점차 세련되고 문화적으로 발전하기 시작했어요. 기술적, 정신적, 지적으로 빠르게 발전하여 문자를 만들기도 하고 예술 작품을 남기기도 하였지요. 이것을 바로 문명이라고 해요.

메소포타미아 문명의 발생

메소포타미아 문명 발상지

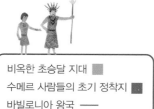

비옥한 초승달 지대 ▨
수메르 사람들의 초기 정착지 ▨
바빌로니아 왕국 ──

농사를 짓기 시작한 사람들은 야생 보리, 야생 밀과 같은 작물이 잘 자라는 비옥한 땅을 찾아 모여들었어요. 지중해 동쪽의 티그리스강 · 유프라테스강 주변에도 이미 기원전 4000년경부터 많은 사람들이 찾아왔지요. 이곳은 메소포타미아라고 불리는 곳이었는데, '두 강 사이의 땅'이란 뜻이에요.

'비옥한 초승달 모양의 땅'이라고도 널리 알려진 메소포타미아는 비가 많이 오는 곳은 아니었지만, 해마다 두 강이 상류로부터 비옥한 흙을 실어와 하류에 쌓고, 또 범람을 거듭해 땅이 항상 기름졌어요.

하지만 범람하는 시기와 양을 예측할 수가 없었어요. 그래서 이곳에 모인 사람들은 둑을 쌓아 홍수를 막고, 또 일부는 가두었다가 땅이 메마를 때 사용하는 관개 시설을 발달시켰어요. 관개 시설 덕분에 더 안전하게, 더 많은 농작물을 수확할 수 있었답니다.

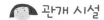

관개 시설

많은 양의 농작물을 거두기 위해 논밭에 물을 대고 빼는 시설이야.

그리하여 메소포타미아에는 먹을 것이 풍부해졌고, 인구가 빠르게 늘었어요. 이미 기원전 3500년 무렵에는 두 강 하류 쪽에 수메르 사람들을 중심으로 우르, 우르크와 같은 여러 개의 도시가 생겨나기도 했어요. 메소포타미아 문명이 시작된 거예요.

수메르 사람들은 이 도시를 중심으로 문화를 가꾸고, 기술을 발전시켰어요. 찰흙을 빚고, 그것을 구워 벽돌을 만든 다음 집을 지었어요. 배수로를 비롯한 관개 시설도 벽돌로 만들었지요. 메소포타미아 부근에는 돌이 몹시 귀했기 때문이에요. 각 도시는 이와 같은 방법

배수로

물이 빠져나갈 수 있도록 만든 길이야.

으로 외부의 침입에 대비하기 위해서 성벽을 쌓고 해자를 만들었지요. 또, 지구라트(34쪽)라 불리는 거대한 신전도 건설했어요.

수메르 사람들은 둥그런 바퀴를 만들어서 운송 수단을 발전시키기도 했어요. 메소포타미아에는 풍부한 식량 외에 별다른 천연자원이 없었기 때문이에요.

"우리의 풍부한 식량을 이웃 지역의 다른 물건과 교환합시다."

수메르 사람들은 목재와 석재, 보석, 다양한 광물 등을 들여왔어요. 특히 주석을 수입하여 더욱 단단한 청동기를 만들어 썼어요.

교역은 날이 갈수록 활발해졌고, 문자의 발달을 촉진시켰어요. 역사를 기록해야 하는 것 외에도 거래 내역을 기록해야 했기 때문이지요. 기원전 3100~3000년 무렵, 수메르 사람들은 마침내 그림 문자나 기호를 써서 기록을 시작했어요. 그림 문자와 기호들은 시간이 지나면서 쐐기 문자(설형 문자)로 발달했지요.

바빌로니아 왕국의 번영

메소포타미아 유역에서는 여러 도시가 발달하면서 도시들 간의 전쟁이 자주 일어났어요. 이때 수메르 사람들은 회의를 열어 왕을 뽑았고, 기원전 2700년경에는 왕의 자리가 세습되기 시작했지요. 루갈 작기시 왕 때에는 지중해 연안까지 세력을 뻗쳤답니다.

그러나 메소포타미아 북쪽에 더욱 강력한 세력을 가진 정복자가 있었어요. 셈족의 하나인 아카드의 지도자 사르곤(Sargon) 왕이었지요. 그는 루갈 작기시 왕을 물리치고 최초로 메소포타미아 전 지역을 통일했어요.(기원전 2350년경) 또, 소아시아와 아라비아 반도 일부를 완전히 손에 넣었어요.

수메르 사람들은 오랜 시간 동안 아카드의 지배를 받아야 했어요. 수메르 사람들은 끈질기게 저항하며 반란을 일으켰어요. 한편 아카드 왕국의 국력은 나날이 쇠퇴했어요. 그러다 마침내 아카드 왕국도 북동쪽 산악 지방에 살던 구티족에 의해 무너졌어요. 하지만 그렇다고 수메르 사람들이 해방된 것은 아니었어요. 한동안은 아카드 사람들과 함께 구티족의 지배를 받아야 했지요.

왕위 세습

왕의 자리를 자손에게 물려주는 것을 뜻해.

사르곤

고대 아카드 제국의 왕이었다. 기원전 2350년 무렵에 메소포타미아 최초의 통일 왕조를 세웠다.

우르의 지구라트
산 모양으로, 위로 갈수록
뾰족해지는 형태이다.
우르 남무 왕 때 지어진
지구라트는 밑바닥 부분의
너비만 62.5미터, 높이만
43미터에 달하는 아주 큰
신전이다.

　수메르 사람들이 다시 일어나 힘을 얻기 시작한 것은
약 100년 후였어요. 도시 국가 중 하나였던 우르의 지
배자 우르 남무(Ur Nammu)가 구티족을 완전히 몰아내
고 다시 메소포타미아를 차지한 거예요. 그는 특히 대
규모 지구라트를 건설해 왕의 위엄을 보이고, 법전을
만들기도 했어요.

　하지만 수메르 왕국은 결국 기원전 2000년경, 동쪽의
엘람 사람들, 서쪽의 아모리 사람들의 침략으로 완전히
멸망하고 말았어요.

　그후에도 메소포타미아는 크고 작은 여러 개의 도시
국가들이 다툼을 벌여 분열을 거듭했어요.

　그러는 중에 아모리 사람들이 바빌론이라는 도시에
정착해 힘을 키웠어요. 아모리 사람들은 수메르 문명과

아카드의 전통을 그대로 받아들이며 세력을 키웠어요. 그리고 바빌론을 중심으로 바빌로니아 왕국을 건설하고 주변 지역을 정복해 나갔어요.

바빌로니아 왕국은 6번째 왕인 함무라비왕 때 크게 번성했어요. 함무라비왕은 수도 바빌론을 메소포타미아의 그 어느 도시보다 크고 웅장하게 건설해 남북 교역의 중심지로 발달시켰어요. 뿐만 아니라 여러 가지 제도의 개혁을 실시하고 언어를 통일해 중앙집권적인 통치 형태를 만들어 나갔지요.

중앙 집권

나라의 힘이 중앙에 집중되어 있는 통치 형태를 말해.

또한 함무라비왕은 신에 대한 믿음이 깊어서 전쟁 때 부서진 신전을 다시 세우도록 했고, 신에게 제물을 바치고, 신을 공부하도록 백성들을 격려했답니다.

그리고 법전을 만들어 발표하기도 했는데, 이것이 함무라비 법전(37쪽)이에요.

함무라비 법전은 수메르 사람들과 아카드 사람들의 이전 법률을 모아, 수정을 거쳐 발표한 것이었어요.

함무라비 법전은 모두 282개의 조항으로 되어 있는 세계 최초의 성문 법전이에요. 여기에는 관세와 무역, 물건의 가격 전반을 포괄하는 경제 관련 규정과, 폭행이나 도둑질에 대한 형벌, 노예 제도나 채무 등과 관련된 법 등이 골고루 들어 있었어요.

성문 법전

문자로 적어 문서의 형식을 갖춘 법이야.

형벌은 각 계층에 따라 다르게 적용되었으며, 가해자와 피해자의 신분에 따라 벌의 무게가 달라졌어요. 이를테면 같은 귀족이라도 평민을 다치게 했을 때의 벌금보다 노예를 다치게 했을 때의 벌금이 더 낮았어요. 하지만 같은 계층 내에서는 모든 사람들이 법 앞에서 평등했어요.

다른 사람의 눈을 멀게 한 자는, 똑같이 눈을 멀게 하는 보복법도 있었어요.

"눈에는 눈, 이에는 이!"

함무라비 법전은 훗날 메소포타미아와 주변의 나라들이 법을 편찬하는 데에도 큰 영향을 미쳤어요. 또 법전에 쓰인 쐐기 문자가 그 주변 지역까지 널리 퍼져 나가는 계기가 되었답니다.

그러나 바빌로니아 왕국의 번영은 그리 오래가지 못했어요.

함무라비왕이 죽은 뒤, 바빌로니아 왕국 이곳저곳에서 반란이 일어났어요. 바빌로니아 왕국은 빠르게 힘을 잃기 시작했지요.

그러던 기원전 1700년경, 소아시아(지중해와 흑해로 둘러싸인 반도 지역, 지금의 터키와 그 주변 지역) 일대를 장악하고 있던

이제부터 모든 백성은 죄를 지으면 법에 따라 심판받을 것이다!

히타이트 사람들이 남쪽으로 내려와 바빌로니아 왕국을 습격했어요. 그러고는 메소포타미아 전 지역에서 약탈을 일삼았어요.

"우리에게는 철기가 있다. 바빌로니아를 정복하라!"

히타이트 사람들은 강력한 철제 무기가 있었고, 전차도 가지고 있었어요. 바빌로니아 왕국은 이런 히타이트의 공격에 버텨낼 수가 없었어요. 결국 바빌로니아 왕국은 기원전 1530년 즈음 멸망하고 말았어요.

메소포타미아는 또다시 여러 민족이 들어와 크고 작은 나라를 만들어 서로 경쟁하게 되었답니다.

 철기

쇠로 만든 그릇, 무기 등을 말해.

함무라비 법전이 새겨진 비석
바빌로니아의 함무라비왕이 제정한 성문 법전이야.

 # 이집트 문명의 발생

수메르 사람들이 메소포타미아에 정착해 문명을 일구고 있을 즈음, 아프리카 북동부의 나일(Nile)강 유역에도 또 다른 문명의 싹이 움트고 있었어요.

나일강 역시 해마다 범람을 거듭하면서 상류의 비옥한 흙을 하류에 옮겨 놓았기 때문에 나일강 유역에서 농작물이 아주 잘 자랐어요. 그래서 많은 사람이 나일강 유역에 모여서 농사를 지었지요. 물론 나일강도 홍수와 가뭄이 반복되었기 때문에 농사 짓기가 쉽지만은 않았어요.

하지만 나일강은 티그리스강·유프라테스강의 범람과 다르게 강물이 해마다 비슷한 시기에 범람했어요.

"올해도 작년과 비슷한 때에 강물이 넘칠 거야. 미리 준비하면 농사를 더 잘 지을 수 있어!"

나일강 주변에 살던 사람들이 이 사실을 알게 된 것은 별자리를 관찰한 결과였어요. 1년이 365일이라는 것을 알아낸 것도 이런 덕분이었지요.

그래서 나일강가의 사람들은 강변에다 둑을 쌓아 범람하는 물을 가둔 뒤, 수로를 파서 이 물이 수로를 따라 흐르게 하고, 다시 그 물이 밭으로 흘러가게 했어요. 이

렇게 하면 비가 오지 않는 건기에도 충분히 물을 공급할 수 있었지요. 이들이 바로 이집트 사람들이었어요.

나일강가의 사람들은 글자도 만들어 썼어요. 바로 상형 문자였어요.

처음에는 글자를 돌판에 새겼어요. 그러나 돌판은 무거워서 들고 다니기 힘들었고, 보관할 때도 넓은 공간이 필요했어요. 그래서 생각해 낸 것이 바로 파피루스(papyrus)였어요.

🧑 **건기와 우기**
- - - - - - - - - - - - - - - - - - -
건기란 비가 거의 오지 않아서 건조한 기간을 말하고, 우기란 비가 많이 내리는 기간을 말해.

이집트의 상형 문자
사물을 본떠 그 사물이나 관념을 나타낸 문자이다.

파피루스는 나일강가에서 많이 자라는 갈대였어요. 이집트 사람들은 파피루스를 짓이겨 풀줄기의 섬유로 종이도 만들었어요.

파피루스에 글을 쓰는 것이 돌에 쓰는 것보다 훨씬 쉬웠고, 보관도 편리했어요. 하지만 단점도 있었지요. 파피루스는 잘 찢어지고 잘 번졌어요. 게다가 오랜 시간이 지나면 말라비틀어져서 부서지기도 했어요.

이집트 왕국의 번성

이집트 유역의 지도

문명이 발생하던 초기 이집트는 하류 쪽의 하(下)이집트 왕국과 상류 쪽의 상(上)이집트 왕국으로 나뉘어져 있었어요. 이들은 상·하류를 오르내리며 싸웠어요.

그러던 중 상 이집트의 메네스왕이 기원전 3100년경, 상 이집트와 하 이집트를 하나의 나라로 통합했어요. 그리고 멤피스를 수도로 삼았지요.

이집트 사람들은 왕을 '파라오(pharaoh)'라고 부르며, 살아 있는 신이라고 여겼어요. 파라오가 태양의 신인 라(Ra)의 아들이라고 생각한 거예요. 덕분에 파라오의 힘과 권력은 날이 갈수록 강력해졌어요.

이집트 사람들이 피라미드(42쪽)를 만들게 된 것도 이런 생각과 관련이 있었어요.

"우리의 파라오는 신의 아들이며, 죽은 후에도 영혼이 다시 살아날 것이다. 그러니 죽은 뒤에 지낼 궁전도

태양신 라(Ra)
최초의 우주를 만들고 신과 인간을 지배하였다는 이집트 신화 속의 태양신이야. 인간의 몸에 매의 얼굴을 갖고 있어.

크게 지어야 하지 않겠는가?"

특히 쿠푸왕은 누구보다 큰 피라미드를 짓기를 원했
어요. 쿠푸왕은 죽기 전부터 자신의 피라미드를 만들도
록 했어요.

농사를 짓지 않는 계절이면 수많은 사람이 기자(Giza,
이집트 수도 카이로 근처)로 일을 하러 왔어요. 그들은 2
백만 개가 넘는 돌덩이를 나일강 상류로부터 끌어와야
했어요. 그런 다음에는 한 개의 무게만 거의 3톤에 달
하는 돌덩이를 밧줄로 묶어서 경사진 면으로 끌어 올

강이 범람하고,
땅이 비옥해지는 것은,
신의 후손인
나의 덕분이다.

려야 했어요. 수많은 사람이 피라미드를 만들며 다치거나 목숨을 잃기도 했답니다.

　피라미드가 윗면이 뾰족한 계단식 형태인 이유는 파라오가 죽으면 그 계단을 밟고 하늘로 올라간다고 믿었기 때문이에요.

　피라미드 안에는 온갖 보물과 파라오가 살아 있을 때 사용했던 물건들을 함께 넣었어요. 파라오가 죽은 뒤에도 피라미드에서 생활한다고 믿었기 때문이지요. 그리고 미라도 함께 넣었어요. 이 역시 죽은 뒤에 영혼이 다시 태어난다는 믿음 때문이었어요. 그래서 이집트 사람들은 죽은 사람의 내장을 꺼내고, 향신료 등으로 특별하게 만든 방부제를 넣어 다시 붕대로 감싼 뒤, 무덤에 넣었어요.

기자 피라미드
기자 지역에 위치한 피라미드의 유적지이다. 왼쪽부터 멘카우레왕의 피라미드, 카프레왕의 피라미드, 쿠푸왕의 피라미드이다.

또, 방과 통로를 미로처럼 만들어 혹시 있을지 모를 외부의 침입에 대비했어요. 물론 바깥에서도 입구를 막았고요.

하지만 시간이 지남에 따라 왕의 권위도 조금씩 무너져 갔어요. 지방의 귀족들이 저마다 왕이 되겠다고 노리는 일이 일어난 것이지요. 통일 왕국(11~12왕조) 때에는 테베(Thebae)에 살고 있던 한 귀족이 파라오가 되면서 수도까지 옮겼답니다.

통일 왕국 시대에 또 한가지 위협적이었던 일은, 야만족 힉소스(Hyksos)의 침입이었어요. 힉소스는 전쟁

미라
죽은 사람의 몸이 썩지 않도록 향신료 등으로 방부 처리를 하여 보존한 시체이다.

카노푸스의 단지
미라를 만들 때, 장기를 보관하기 위해 사용한 항아리이다.

을 좋아하는 유목민이었어요. 그들은 말이 이끄는 전차를 앞세워 이집트의 여러 도시를 순식간에 쑥대밭으로 만들었어요. 파라오의 왕궁을 빼앗고 직접 이집트를 통치하기 시작했지요.

이집트 사람들은 힉소스 사람들에게 전차를 만드는 방법과 철을 다루는 기술을 배우기도 했어요. 나중에는 이 기술을 바탕으로 이집트가 사방으로 영토를 확장해 나갈 수 있었어요.

하지만 사제들의 영향력이 커지면서 이집트는 다시 혼란에 빠졌어요. 이후 사제와 장군들이 새로운 파라오에 연이어 올랐지만, 변방의 이민족이 침입하면서 이집트의 영토는 다시 눈에 띄게 줄어들었어요.

이후 람세스 2세가 히타이트와 싸우면서 부분적으로 영토를 되찾았고, 또한 아부심벨 신전과 같은 대규모 사업도 벌이면서 옛 영광을 되찾는 듯했어요. 하지만 그것도 오래가지는 못했어요.

기원전 13세기 말, 이집트는 히타이트까지 물리친 해상 민족의 침입을 받아 비틀거리더니 기원전 1090년경에는 아예 상 이집트와 하 이집트로 다시 분열되고

투탕카멘의 황금 마스크
이집트 투탕카멘왕의
유물로, 룩소르왕들의
계곡 무덤에서 발견되었다.
파라오의 얼굴 모양 그대로
만들어졌다.

말았어요.

이렇게 통일 왕국 시대는 막을 내리고 기원전 526년 페르시아의 캄비세스 2세가 이집트를 점령함으로써 파라오의 제국 이집트는 영원히 사라졌답니다.

 # 인더스 문명의 발생

기원전 16세기경
하라파
펀자브
티베트고원
모헨조다로
델리
기원전 10세기경
인더스강
갠지스강
캘커타
오리사
아라비아해
데칸고원
뱅골만

아리아 사람들의 이동

아리아 사람들의 이동 →
인더스 문명(기원전 1500년경)
갠지스 문명

인도에서 처음 사람이 살기 시작한 곳은 인더스강의 물줄기가 흐르는 펀자브 지방이었어요. 사람들은 시간이 지나면서 더 기름진 땅을 찾아 인더스강의 하류 쪽으로 모여들었지요.

인더스 사람들 역시 다양한 곡식을 재배하기도 했고, 목화나 멜론과 같은 과일을 심고 가꾸기도 했어요.

농사를 지을 때는 물소를, 곡식을 운반할 때는 코끼리를 이용했어요. 양, 염소, 개, 닭, 돼지, 물소와 같은 다양한 동물을 가축으로 길렀어요.

인더스 사람들은 햇볕에 말린 벽돌로 집을 짓고 도시를 건설했어요. 기원전 2500년경의 일이에요.

가장 규모가 큰 도시는 모헨조다로(하류)와 하라파(상류)였어요. 두 도시는 철저한 계획에 따라 건설되었지요.

인더스 사람들은 우선 넓고 곧은 도로를 바둑판 모양으로 닦아 놓고, 그 길을 따라 집을 짓고 배수로 시설도 갖추어 놓았어요. 집 안에는 우물과 화장실도 있었고요. 또 벽돌을 만드는 기술도 아주 뛰어났어요. 햇볕에 바짝 말린 벽돌을 정확한 규격에 따라 만들 수 있었고, 어떻게 그리고 얼마나 오래 말려야 단단한 벽돌이 되는지 알고 있었지요. 이렇게 만든 벽돌은 다양한 건축물을 만드는 데 사용되었답니다.

특히 모헨조다로에는 가로 7미터, 세로 12미터, 그리고 깊이가 2.4미터나 되는 커다란 목욕탕이 있었어요. 한쪽에는 계단을 설치해 맨 아래까지 내려갈 수 있도록 지었지요.

학자들은 인더스 사람들이 종교 행사를 하려고 목욕

모헨조다로의 유적
현재 파키스탄 펀자브
지방에 위치해 있고,
유네스코 세계 문화유산에
등재되어 있다.

탕을 만든 것이 아닌가 추측하고 있답니다.

　인더스 문명은 이 두 도시에만 흔적을 남긴 것이 아
니에요. 인더스 문명의 유적은 히말라야 산맥 아래쪽에
서부터 멀리 아라비아해까지 두루 퍼져 있었어요.

메소포타미아 문명과 인더스 문명의 차이점

메소포타미아 문명 유적에는 있지만, 인더스 문명 유적에는 없는 것이 있어요. 인더스 문명은 절대 권력이나 왕을 상징하는 궁전, 무덤과 같은 유적이 없답니다.

대부분의 학자들은 이전까지 강력한 지도자가 있어야 노예와 같은 노동력을 동원하여 도시를 건설할 수 있다고 생각했어요. 하지만 모헨조다로와 하라파 유적에는 그런 유적이 발견되지 않았지요. 이런 이유로 어떤 학자들은 인더스 문명이 다른 문명에 비해 매우 평등했을 것이라고 추측해요.

신앙심이 깊은 아리아 사람들

아리아 사람들에 의해 인더스 문명이 자취를 감춘 후, 갠지스강 유역에도 아리아 사람들이 자리를 잡기 시작했어요. 인구가 증가하면서 새로운 목초지를 찾아 나선 곳이 바로 갠지스강 유역이었지요. 아리아 사람들은 철기와 전차를 앞세워 갠지스강 유역에 살던 원주민을 남쪽으로 쫓아냈어요.

갠지스강에 자리 잡은 아리아 사람들은 농경 생활을 하면서 빠르게 성장했어요. 또, 신앙심이 깊어서 자연물과 자연 현상을 숭배하며, 어디서든 신을 찬양하는 노래를 불렀지요.

그들은 신에 대한 내용을 기록하기 시작했어요. 입에서 입으로 전해져 내려오던 신에 대한 찬양이 모아져 경전이 되었지요. 그것을 베다(Vedas)라고 불렀어요. 베다는 훗날 힌두교 최초의 경전이 된답니다. 아리아 사람들의 초기 역사를 '베다 시대'(기원전 20세기~기원전 5세기)라고 부르기도 해요.

이처럼 신을 숭배하는 일을 중요시하다 보니, 제사를 비롯한 종교적인 행사가 많았어요. 그래서 아리아 사람들은 이런 역할을 담당하는 사제들을 중요하게 생각했

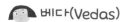

베다(Vedas)

베다는 원래 '지식'이란 뜻이야. 베다에는 신에 대한 찬양만이 아니라, 아리아 사람들의 역사와 그들이 지켜야 할 규율 등을 담고 있어.

어요. 자연히 사제들은 온갖 특권을 누리며 중
심 세력이 되었지요. 사제들을 브라만이라 불
렀기 때문에 아리아 사람들의 종교를
브라만교라고 해요.

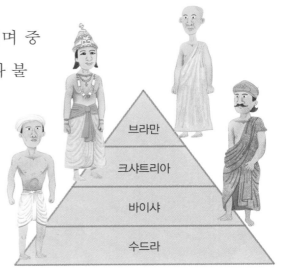

   나아가 브라만을 최상위 계급으로
하는 독특한 계급 제도를 만들었어
요. 바로 카스트(Caste) 제도였어요.

   가장 오래된 경전인 '리그베다'에는
신들이, 천 개의 머리와 천 개의 눈, 천 개의 발을 가진
거인 푸루샤를 이용해서 세상을 만들기로 하고, 각각
다른 네 종류의 사람을 탄생시켰다고 해요.

   처음, 푸루샤의 눈에서 나온 사람은 아주 영리하고
현명한 사제들이었지요. 이들이 태어나면서부터 누구
에게나 존경받는 브라만이에요.

   그다음 푸루샤의 팔에서 나온 사람은 왕족과 무사였
어요. 그들은 브라만을 보호하는 역할을 했는데, 이들
을 크샤트리아라고 불렀어요.

   세 번째로 푸루샤의 무릎에서는 상인과 농부를 비롯
한 평민들이 탄생했지요. 이 계급의 이름은 바이샤였
어요.

   그리고 마지막으로 푸르샤의 발에서 노예 계급이 만

 브라만교

베다라는 경전을 바탕으로
하여, 브라만 계급을 중심으
로 만들어진 종교를 말해.

카스트 제도

인도에서 수천 년 동안 있어
왔던 계급 제도야. 카스트 제
도에 따르면 태어나면서부터
한 번 정해진 계급은 거의
바뀔 수 없어.

들어졌어요. 이들을 수드라라고 불렀는데, 평생 브라만과 왕족, 무사들의 시중을 들면서 궂은일을 도맡아 해야 했어요.

하지만 이 네 번째 계급에도 속할 수 없는 계급이 있었어요. 불가촉 천민이라 불리는 사람들이었어요.

사람들은 불가촉 천민 옆에 가는 것조차 꺼렸어요. 그들은 화장실 청소나 오물을 청소하는 일을 맡아서 했어요. 또, 시체를 처리하는 일, 가죽을 가공하는 일 등 당시 천시되던 일들을 했지요.

불가촉 천민은 아파도 병원에 갈 수 없었고, 학교는 커녕 하고 싶은 일조차 마음대로 할 수 없었어요.

 **불가촉 천민**

닿을 수 없다는 뜻으로 인도의 카스트 계급에도 속하지 않는 가장 낮은 계급의 사람들이야. 파리아, 아웃카스트, 하리잔으로 불리기도 해.

가까이 가지 마! 저 사람들 몸에 닿기만 해도 부정이 탈 거야!

이토록 철저한 카스트 제도에 따라 서로 다른 계급끼리는 결혼도 할 수 없었고, 아무리 노력해도 크샤트리아가 브라만이 되거나, 바이샤가 크샤트리아 계급이 될 수 없었어요. 이 제도는 이후 인도 사람들을 지배하는 가장 중요한 계급 제도로 자리 잡았지요.

아리아 사람들의 카스트 제도는 1947년에 와서야 법적으로 사라졌어요. 하지만 말 그대로 법으로만 사라졌을 뿐, 실제 인도에는 아직도 이 제도가 곳곳에 남아 있답니다.

 # 황하 문명의 발생

앞선 세 곳의 문명이 모두 강가에서 시작되었듯, 중국의 문명도 황하에서 시작되었어요.

메소포타미아보다는 정착 생활이 늦었지만, 중국 사람들은 재빨리 농사 기술을 익혔어요. 무엇보다 황하 주변의

황하 문명

황하강
황해
양쯔강

하의 세력권 ☐
상의 세력 범위 ▨
주의 세력 범위 ▨

흙이 농사 짓기에 알맞았기 때문이에요. 뿐만 아니라, 주변에 높은 산이나 울창한 삼림이 없어서 땅을 일구

기에 쉬웠지요.

그래서 신석기 시대 말엽에는 황하 주변에 수많은 마을이 등장했고, 청동기 시대에는 나라의 모습을 갖추기 시작했어요. 사람들은 마을 주변에 토성을 쌓고, 그 안에 많게는 수만 명씩 모여 살았어요. 시간이 지나면서 마을의 규모가 커지고 자연스럽게 작은 국가의 모습을 갖추게 된 거예요. 학자들은 이러한 국가를 성읍 국가라 부른답니다.

기원전 1600년경, 처음으로 등장한 상(商)나라 역시 성읍 국가들이 뭉쳐서 큰 나라를 이룬 것이었어요.

상나라는 농업을 빠르게 발전시켰어요. 땅이 워낙 비옥하고, 강우량이 풍부한 이유도 있었지만, 상나라 사람들은 거름을 주어 땅을 더 기름지게 만드는 법을 알고 있었어요.

뿐만 아니라, 메마른 땅에 인공적으로 물을 끌어들일 줄 알았고, 해와 달과 별의 움직임을 자세히 관찰해 시간과 날짜를 계산하여 농사를 지었어요. 그들은 이런 방법으로 쌀을 비롯해 수수와 밀, 조 등을 심고 가꾸었답니다.

상나라 사람들은 농사만 잘 지은 것이 아니었어요. 특히 뛰어난 청동 기술을 가지고 있어서, 음식을 담는

성읍 국가

원시 사회에서 고대 국가로 변화하는 과정에 나타난 국가 형태를 말해.

상나라의 청동 도끼
청동은 당시 매우 귀한
금속으로 제사를
지낼 때 쓰는 도구나
무기로 만드는 데 쓰였다.

그릇을 다양하게 만들었고, 술잔
도 코끼리, 소, 양 등의 모양을
본떠 만들었어요. 새겨진 무늬도
아주 정교하고 예술적이었지요.

상나라의 가장 특별한 유산은 갑골
문자예요. 갑골(거북의 껍질)에 새긴 상형 문자를 갑골
문자라 부르는데, 지금 중국 사람들이 쓰고 있는 한자
의 조상이라고 할 수 있어요.

🌴 주나라의 봉건 제도

"나라를 잘못 다스리는 주왕을 몰아내자!"

상나라의 마지막 왕 주왕은 성품이 포악하고, 사치를
좋아하며, 나라를 돌보는 것에는 관심이 없었어요. 사
람들은 왕에 대한 믿음이 없었지요.

이런 상황에서 상나라는 주족과의 전쟁에서 패하고,
주족이 새로 주나라를 세웠어요.

주나라 왕실은 상나라를 효과적으로 다스릴 방법을
찾아야 했어요.

"왕실의 친인척과 나라를 세우는 데 공을 세운 사람

갑골 문자
거북의 껍질이나
짐승의 뼈에 새긴
상형 문자이다.
주로 점을 치는 데
사용하였다.

 주왕

상나라의 마지막 왕이야.

제후

봉건 시대에 일정한 땅을 갖고. 그 지역의 백성을 지배했던 사람이야.

봉건 제도

왕이 여러 제후들에게 땅을 나누어 주고. 제후는 각자의 땅에 대해 권력을 갖는 형태의 정치 제도를 말해.

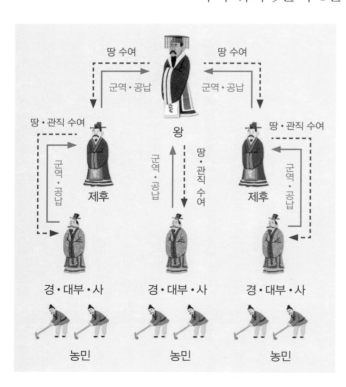

들에게 골고루 땅을 내주고 제후로 임명할 것이니, 맡은 지역을 잘 다스리도록 하시오."

대신 제후들에게, 일정한 기간이 지나면 왕을 찾아와 문안을 하라는 조건을 내걸었어요. 이것을 조회(朝會)라 해요. 왕 역시, 순무(巡撫)라 하여 이따금씩 제후들이 다스리는 땅을 직접 돌아보며 감시했지요. 이런 통치 방법을 봉건 제도라 한답니다.

그리고 정전제(井田制)를 실시하기도 했어요.

정전제란 정사각형 토지를 우물 정(井)자로 9등분 하여 주위의 9분의 8은 농가가 각각 농사를 지고, 가운데의 9분의 1은 공동으로 농사를 지어서, 그 수확물을 세금으로 바치는 제도였어요.

정전제는 토지를 균등하게 나누고, 효율적인 방법으로 인구 조사, 토지 조사를 돕는 토지 제도였지요.

그러나 시간이 지나면서 문제가 발생했어요. 가장 큰 문제는 여러 세대가 지나며 왕실과 제후들 사이에 결속력이 약해졌다는 점이에요. 그러다 보니 경제력이 커진 제후들은 왕실과 맞서 독립하려 했지요.

특히 유왕(幽王) 때에 이런 현상이 극심했어요. 유왕이 포악한 정치를 일삼고 백성을 제대로 돌보지 않았거든요. 그 틈을 타 견융족이 침입하여 도성을 빼앗기도 했어요. 결국에는 유왕이 전사하며 주나라도 저물고 말았답니다.

4대 문명은 각각 어떤 공통점과 차이점이 있었는지 이야기해 보자.

대표 유물로 살펴보는 4대 문명의 특징

쐐기 문자

메소포타미아 문명

수메르 사람들은 진흙 벽돌로 신전을 지었어요.
지구라트를 보면 수메르 사람들의
벽돌을 만드는 기술이 아주 뛰어났음을 알 수 있지요.
또, 진흙으로 만든 벽돌 위에 뾰족한 갈대로
쐐기 문자를 써 넣기도 했어요.

이집트 문명

사자의 서

이집트 사람들은 파라오가 태양신의 아들이라며 숭배했고,
죽어서도 신으로 남는다고 생각했어요.
그래서 파라오들이 죽은 뒤에 머물 피라미드를 마련했지요.
피라미드에는 죽은 사람의 생애를 작은 그림으로
기록해 두었는데, 이 그림 속의 문자를 상형 문자라고 해요.

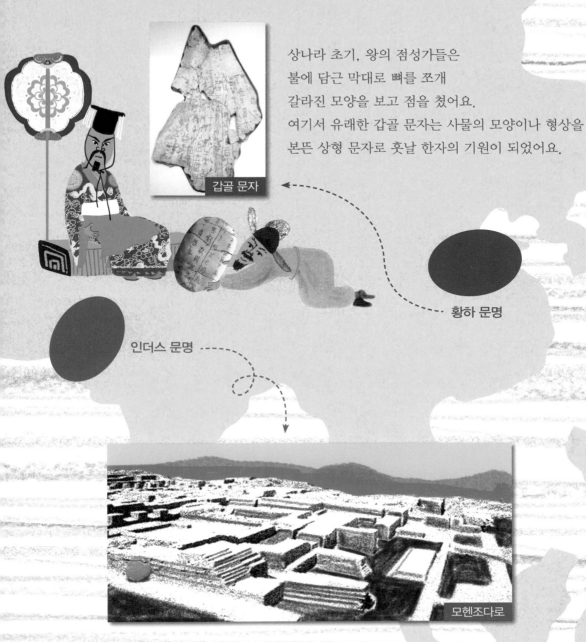

상나라 초기, 왕의 점성가들은
불에 담근 막대로 뼈를 쪼개
갈라진 모양을 보고 점을 쳤어요.
여기서 유래한 갑골 문자는 사물의 모양이나 형상을
본뜬 상형 문자로 훗날 한자의 기원이 되었어요.

갑골 문자

황하 문명

인더스 문명

모헨조다로

인더스 문명의 대표적인 유적지인 모헨조다로를 보면
이 도시가 얼마나 치밀하게 계획된 도시인지 짐작할 수 있어요.
집들이 빼곡하게 들어선 모습이나, 그 사이에 잘 닦인 길을 통해
모헨조다로가 발달한 도시였음을 알 수 있지요.

3장 오리엔트 세계의 통일

마케도니아

흑해

카스피해

사르데스

아테네

아시리아

수사

페르시아

지중해

페르세폴리스

예루살렘

바빌론

인더스강

이집트

나일강

홍해

페르시아의 오리엔트 통일

페르시아 발흥지

페르시아 최대 영역

페르시아 제국의 국도

나는 신바빌로니아의 왕, 네부카드네자르 2세란다. 모래뿐인 땅, 바빌론을 세상에서 가장 아름다운 도시로 만들었지. 벽돌로 궁궐을 짓고, 거대한 탑을 쌓았어. 바빌론으로 향하는 넓은 직선 도로를 만들고, 사방으로 통하는 문도 만들었고. 우리는 진흙으로 벽돌을 만드는 재주가 뛰어나거든. 아참, 고향을 그리워하는 왕비를 위해 신비한 공중 정원도 만들 거야. 내가 무엇이든 할 수 있다는 걸 보여 주고 싶어. 이제 바빌론은 영원히 아름다운 도시가 될 거야.

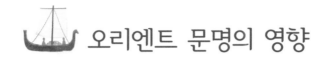

오리엔트 문명의 영향

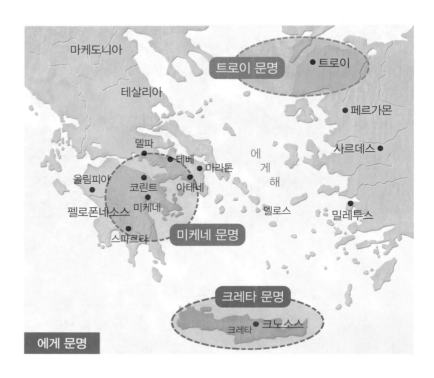

에게 문명

　기원전 4200년 무렵, 메소포타미아에 살던 사람들은 청동 기술을 깨우쳤어요. 구리와 주석을 함께 가열하여 액체로 만든 뒤, 틀에 부으면 단단한 그릇이나 무기로 만들 수 있다는 것을 알게 된 것이지요.

　이 청동 기술은 기원전 3500년 무렵, 동부 지중해 연안의 여러 나라에 전해졌어요. 특히 에게(Aegean)해 일대에는 이미 기원전 3000년경에 발달한 청동기 문명이 자리 잡기 시작했지요.

크레타섬에서 일어난 크레타 문명, 그리스 본토에서 일어난 미케네 문명, 트로이에서 일어난 트로이 문명을 에게 문명이라고 해요. 그중 북아프리카와 그리스 사이에 놓여 있던 크레타섬은 지중해 교역의 중심지로 다른 어떤 지역보다 빨리 수준 높은 문명을 정착시켰어요.

올리브와 포도를 재배하며 이웃 나라들과 활발한 교역을 하던 크레타섬 사람들은 특히 미노스왕 때 커다란 궁전을 네 곳이나 지으며 발달한 문명을 과시했어요.

가장 큰 궁전이었던 크노소스 궁전(62쪽)은 그 넓이가 동서 170미터, 남북 180미터에 달했고, 무려 1300여 개의 방이 여러 층으로 줄지어 있었지요. 특히 건물의 한복판에는 안마당을 비롯해 접견실과 창고, 공장, 사당, 기록 보관소들이 늘어서 있었어요. 뿐만 아니라

에게 문명

에게해 주변에서 일어난 청동기 문명이야. 최초의 해양 문명이자, 유럽 문명이기도 하지.

크노소스 궁전
크레타섬의 크노소스에
있던 궁전이다. 1900년
영국의 고고학자에 의해
발견되었다.

배수 시설과 자연 채광 시설도 완벽하게 갖추고 있었어요. 또, 아름다운 벽화와 화려한 세공품들, 각종 도자기로 궁전을 치장했답니다.

하지만 기원전 1600년경, 크레타섬에 몰아닥친 여러 번의 지진과 산토리니섬의 화산 폭발 영향으로 크노소스 궁전 대부분이 파괴되고 말았어요.

크레타 사람들은 서둘러 궁궐의 일부를 새로 지었지만, 기원전 1400년경 미케네 사람들의 침략으로 몰락을 하고 말았지요.

트로이 전쟁과 미케네 문명

곧 에게 문명의 중심은 미케네로 옮겨 갔어요. 미케네 사람들은 싸우기를 좋아했어요. 그들은 동부 지중해를 비롯해 서쪽으로는 이탈리아 반도까지 진출했고, 나중에는 소아시아로 나아가기도 했어요. 그리스 신화에 등장하는 '트로이 전쟁'은 이런 과정에서 일어난 사건이었답니다.

더욱 넓은 왕국을 차지하고 싶었던 미케네는 흑해까지 넘보았어요. 그러나 그 길목에는 트로이가 버티고 있었지요. 미케네는 트로이와 싸우지 않으면 안 되었어요.

마침 미케네의 왕 아가멤논은 자신의 제수(동생의 부인)인 헬레네가 트로이 왕자에 의해 유괴되었음을 알게 되었지요. 아가멤논은 이를 핑계로 그리스 연합군을 이끌고, 트로이를 공격했어요. 전쟁은 10년이나 계속되었지만 견고하게 쌓은 트로이의 성은 쉽게 무너지지 않았어요.

미케네의 황금 마스크
미케네에서 발견된 황금 마스크이다. 한 고고학자는 아가멤논의 가면이라고 주장하기도 했지만, 한 왕족의 유품으로 밝혀졌다.

일리아드

호메로스가 트로이 전쟁을
주제로 쓴 서사시이다. 트로
이 전쟁 속 영웅들의 활약상
이 담겨 있다.

호메로스
고대 그리스의 시인이다.
유럽 문학 최고의 서사시
《일리아드》와 《오디세이》를
썼다.

이때 그리스 연합군으로 참전한 오디세우스가 꾀를 냈어요. 커다란 목마를 만들어 그 속에 군사를 숨긴 뒤 후퇴하는 척했던 거예요. 트로이 병사들은 이런 작전인 줄은 꿈에도 모르고 목마를 성 안으로 끌어 들였어요. 그날 밤, 승리에 취한 트로이 병사들이 모두 잠들었을 때였어요.

"트로이의 군사들이 잠들었다. 어서 나와 성을 점령하라!"

군사들은 목마 안에서 튀어나와 성을 함락시켰어요. 이 이야기는 호메로스의 문학 작품 《일리아드》에 전해져 내려오고 있답니다.

그러나 이렇게 만들어졌던 미케네 문명도 기원전 1200년경, 철기로 무장한 도리아 사람들의 공격을 받아 멸망하고 말았어요.

페니키아와 알파벳의 기원

미케네 문명 이후, 지중해 무역의 주도권을 잡은 것은 페니키아 사람들이었어요. 오늘날의 이스라엘 북부와 레바논 지역에 살던 사람들이었지요.

특히 시돈, 티루스, 비블로스와 같은 페니키아의 도시들은 지중해 연안에 위치해 있어서 무역을 하기에 안성맞춤이었어요.

그들은 다양한 물건을 싣고 지중해 연안의 도시 곳곳을 누볐어요. 배를 댈 곳만 있으면 어디든 마을을 만들고 교역을 했지요. 페니키아 사람들은 지중해뿐만이 아니라, 대서양까지도 진출했어요.

"우리에게는 자원이 부족해. 하지만 무역을 중개하고 좋은 물건을 수입해서 잘 만들어 되팔면 큰 이익을 볼 수 있을 거야!"

페니키아 사람들은 손재주가 좋았어요. 이집트 사람들이 만든 유리 구슬에 색을 넣어 되팔았고, 소라에서 자주색 염료를 만들어 내는 기술을 익혀 천을 염색해 팔았어요. 특히 자주색 염료는 귀해서 당시 여러 나라에서 권위를 상징하는 색으로 인기가 높았지요. 그래서 그리스 사람들은 페니키아 사람들을 포이니키스, 즉 자주색의 사람들이라고 불렀답니다.

간편하고 실용적인 문자가 없을까?

한편, 무역이 증가하면서 페니키아 사람들은 사고파는 물건의 품목을 정리하기 위해서 문자가 필요했어요.

하지만 페니키아 사람들은 다른 나라에서 쓰던 설형 문자와 상형 문자는 복잡하고 실용성이 떨어져 불편하다고 생각했어요.

그리하여 페니키아 사람들만의 표음 문자를 만들었지요. 모두 22개로 이루어진 것이었는데, 훗날 그리스 사람들은 바로 이 페니키아 사람들의 문자를 채택해 사용하기도 했지요. 표음 문자는 알파벳의 기원이기도 하답니다.

표음 문자

말소리를 그대로 기호로 나타낸 문자를 말해. 한글도 표음 문자야.

세계 최초의 도서관

메소포타미아 지역에서 함무라비왕이 바빌로니아 왕국을 번성시키고 있을 때, 북쪽의 아수르(Assur)란 도시에서는 또 하나의 왕국이 자리 잡고 있었어요. 이 왕국의 통치자 샴시아다드는 메소포타미아 전체를 지배하려는 욕심을 가지고 메소포타미아 북쪽의 도시들을 차례로 정복했어요.

"나에게 복종하지 않는 자는 모두 죽음을 면치 못할 것이다."

샴시아다드는 메소포타미아의 사람들이 자신을 두려워하기를 원했어요. 때문에 정복 지역을 잔혹하게 파괴하며 넓은 영토를 차지했고, 아시리아(Assyria)라는 나라를 건설했답니다.

하지만 샴시아다드가 죽자, 그의 아들들은 서로 다투기만 했어요. 함무라비는 이때를 틈타 군대를 이끌고 아시리아를 점령했지요.

아시리아 사람들은 함무라비왕을 섬길 수밖에 없었지만 속으로는 다짐했어요.

'언젠가 우리가 이 메소포타미아를 다시 차지하고 말 것이다!'

그리고 마침내 기회가 찾아왔어요. 아시리아는 기원전 14세기 무렵부터 세력을 회복하기 시작해 13세기 무렵 단숨에 바빌로니아를 점령했어요.

다른 민족의 침입에 시달리면서도 말을 다루는 방법과 새로운 철기 기술을 익히며 더 강해졌어요. 이를 바

아시리아 병사들

아시리아 병사들은 들판에서 싸울 때, 수백 명의 병사들이 방패로 앞을 막고 전진하면, 그 뒤에서 궁수들이 활을 쏘며 적의 선발 부대를 제압했어. 그런 다음, 전차가 달려들어 적의 기세를 꺾었지. 그리고 이어서 창과 칼을 든 병사들이 적에게 돌진했어.

아슈르바니팔왕의 사냥 모습

니베네 궁전 벽에 새겨져 있는 아슈르바니팔의 사냥 모습이다.

탕으로 기원전 9세기 무렵에는 사방에 원정군을 보내 메소포타미아의 모든 도시를 점령했고, 나아가 시리아와 이스라엘까지 정복했어요. 아슈르바니팔왕 대에 이르러서는 이집트를 공격해 파라오의 항복을 받아내기도 했어요.

아슈르바니팔왕은 매우 잔인했어요. 정복한 도시는 모두 불태웠고, 항복하지 않는 자는 가차 없이 죽였어요. 잡은 포로는 노예로 만들었고, 땅에서 풀 한포기 자라지 못하도록 소금을 뿌렸답니다.

정복의 꿈을 이룬 아슈르바니팔왕은 아시리아 제국의 권위를 세우기 위해서 자신이 가장 아끼는 도시 니네베(Nineveh)에 커다란 궁전을 지었어요.

"이것으로는 부족해. 오랜 시간이 지난 후에도 나의 위대함을 기억하도록 해야 해."

아슈르바니팔왕이 생각해 낸 것은 도서관을 짓는 일이었어요. 아슈르바니팔왕은 나라 안의 모든 책을 궁전으로 가져오게 하였어요.

그리고 제사장들에게 조상들로부터 들은 아시리아의 역사를 점토판에 새기게 했어요. 또한 점성가들에게는 해와 달과 별의 움직임을 기록하라고 명령을 내렸지요. 의사들에게는 의학에 관한 지식을, 역사학자들에게는

이전 왕들을 비롯한 아슈르바니팔왕 자신의 업적을 기록하게 했어요. 그 외에도 온갖 분야의 모든 이야기를 점토판에 새기게 한 뒤, 도서관에 보관하도록 했어요. 세계 최초의 도서관은 이렇게 탄생하게 되었지요.

　하지만 아시리아의 지배 방법이 너무나 강압적이어서 반발을 갖는 사람들이 많았어요. 결국 아슈르바니팔왕이 죽자 아시리아가 점령했던 여러 지역에서 반란이 일어났어요.

　기원전 7세기에는 이집트가 독립하는 것을 시작으로, 아시리아가 지배하고 있던 땅에 여러 나라가 세워졌어요. 아시리아는 빠르게 힘을 잃었고, 마침내 역사 속으로 사라졌답니다.

**아슈르바니팔왕의
도서관 점토판**
오늘날까지 약 3만 5천 장의
점토판이 발굴되었다.
이 점토판 중에는
영웅 길가메시의 이야기를
적어 놓은 서사시도 있었다.

신바빌로니아와 공중 정원

기원전 612년, 아시리아의 수도 니네베는 마침내 메소포타미아 북쪽 일부를 차지하고 있던 메디아 왕국과 손을 잡은 칼데아 사람들의 공격을 받아 무너졌어요. 칼데아 사람들은 곧 신바빌로니아 왕국을 세웠지요.

"아시리아 사람들은 그 옛날 바빌론의 모든 것을 파괴했지. 우리도 똑같이 그들의 도시를 파괴할 거야!"

바빌로니아 사람들은 아시리아에 건설된 궁전을 부수고 거대한 도서관을 파괴한 뒤, 점토판으로 된 책들을 깨뜨렸어요. 그리고 새롭게 바빌론을 세웠어요.

특히 네부카드네자르 2세는 외부의 침입을 막기 위해 도시 주변에 높은 성벽을 쌓고, 한곳에 커다란 푸른색의 문을 만들었어요. 이 문을 여신 이슈타르(Ishtar)의 이름을 따서 이슈타르 문이라 불렀지요.

이어 네부카드네자르 2세는 유대 왕국을 공격하였고, 예루살렘을 무너뜨렸어요. 그리고 유대 사람들을 끌고 와 노예로 부렸어요.

유대 사람들은 온갖 노동에 시달렸어요. 이를 두고

이슈타르 문
바빌론의 성문이다.
네부카드네자르왕은
이 문을 더욱 웅장하고
화려하게 만들어서
바빌로니아 왕권의
상징으로 만들고자 했다.

유대 사람들은 바빌론의 유수라 불렀어요.

신바빌로니아 왕국의 세력은 최고에 달했어요.

네부카드네자르 2세는 메디아 왕국의 아미티스 공주에게 청혼을 했어요. 바빌로니아에서 마음에 맞는 신부를 찾지 못한 탓도 있었지만, 메디아 왕국과의 좋은 사이를 위해서이기도 했지요.

네부카드네자르 2세는 아미티스 공주를 무척 아끼고 사랑했어요. 그래서 공주를 바빌론으로 데려와 온갖 보석과 비단옷, 희귀한 애완동물을 선물하고, 매일 아름다운 꽃으로 공주의 방을 장식했지요.

하지만 공주는 그다지 기뻐하지 않았어요. 공주는 자

바빌론의 유수

네부카드네자르 2세가 유대 사람들을 바빌론으로 강제 이주 시킨 사건이야. 유대 사람들은 정신적으로 육체적으로 고통받았지만, 이 일로 인해 신은 어디에든 존재하고, 어디서나 숭배할 수 있다는 교훈과 믿음을 얻기도 했어.

신이 살던 높은 언덕과 정원을 너무나 그리워했어요. 네부카드네자르 2세는 공주에게 약속했어요.

"당신에게 메디아와 똑같은 정원을 만들어 주겠소!"

네부카드네자르 2세는 바빌론의 한가운데 인공으로 된 산을 만들었어요. 그리고 메디아에서 가져온 꽃과 풀과 나무를 심고 계곡을 만들었어요. 물을 산꼭대기까지 끌어올 수 있도록 펌프도 설치했지요. 그제야 공주는 기뻐했어요. 이것이 바로 오늘날 세계 7대 불가사의라고 불리는 공중 정원이랍니다.

하지만 신바빌로니아는 네부카드네자르 2세가 세상을 떠난 뒤, 빠르게 기울기 시작했어요. 그러다가 마침내 기원전 539년, 새롭게 일어난 페르시아에 의해 멸망하고 말았어요.

공중 정원

네부카드네자르 2세가 왕비를 위해 만든 정원이야. 비가 잘 오지 않는 사막 한가운데서 물을 끌어 올려 화단에 물을 공급했다고 해.

페르시아의 오리엔트 통일

양을 치며 살던 부족으로 알려진 페르시아 사람들은 한동안 메디아 왕국의 한쪽 끝에서 겨우 목숨을 유지하며 살아 가고 있었어요.

페르시아가 메디아에 반기를 든 것은 아스티게스왕

이 메디아 왕국을 다스릴 때였
어요. 이때 아스티게스왕은 영
토를 넓히기 위해 혈안이 되어
있었어요. 메소포타미아 전체를
차지하고 싶었던 것이지요.

이를 눈치챈 신바빌로니아의
나보니도스왕은 아스티게스의 손자인 키루스 2세(아케
메네스 왕조)와 동맹을 맺고 메디아 왕국과 3년 동안 치
열하게 싸웠어요.

승리한 것은, 뜻밖에도 키루스 2세였어요. 그는 메디
아 왕국을 차지하여 병합한 뒤, 나라 이름을 페르시아
로 바꾸었어요. 키루스 2세는 할아버지보다 더 큰 꿈을
가졌어요.

키루스 2세는 곧바로 군대를 일으켜 소아시아에 있
던 작은 나라 리디아를 정복했고, 소아시아 해안 지대
의 그리스 도시 여러 개를 차례로 손에 넣었어요. 뿐만
아니라 동맹을 맺었던 신바빌로니아까지 진출했어요.

"군대는 신바빌로니아가 강하지만, 백성들은 왕을 싫
어한다. 그걸 이용하면 전쟁에서 이길 수 있어!"

이때 신바빌로니아의 마지막 왕 나보니도스는 백성
들에게 신뢰를 잃고 있었어요.

특히 신바빌로니아의 신, 마르두크를 믿지 않았고, 심지어 이 신을 믿는 사람들을 탄압하고 무시했기 때문이에요. 그래서 전투가 벌어지자 신바빌로니아의 사제가 성문을 열어 주었답니다. 마침내 기원전 538년, 키루스 2세는 신바빌로니아를 점령했어요.

키루스 2세는 다른 정복자들과 달리 자신이 정복한 땅의 주민들에게 아주 관대한 정책을 베풀었어요. 아시리아가 왜 멸망했는지 잘 알고 있었기 때문이에요.

"그대들이 살던 고향으로 돌아가도 좋다!"

키루스 2세는 바빌론에 끌려와 노예 생활을 하고 있던 유대 사람들에게 자유를 주고 예루살렘으로 돌아가는 것을 허락했어요. 이런 이유로 키루스 2세는 '해방

할아버지의 힘을 빼앗은 손자, 키루스 2세 왕

페르시아 사람들을 지배하던 아스티게스왕은 어느 날, 훗날 손자가 자신의 왕위를 빼앗는다는 예언이 담긴 꿈을 꾸었어요. 이에 아스티게스왕은 신하를 시켜서 자신의 어린 손자를 숲으로 데려가 죽이라고 했어요. 하지만 신하는 차마 어린아이를 죽일 수 없어서 숲에서 만난 양치기에게 주었지요. 그리고는 염소 한 마리를 죽이고 손에 피를 묻힌 후 돌아가 왕의 손자를 죽였다고 고했어요. 한편 양치기들은 어린아이를 잘 길렀고, 그가 바로 키루스 2세였어요. 키루스 2세는 자신을 죽이지 않고 살려 준 신하의 도움으로 훗날 페르시아의 왕이 된 것이랍니다.

자'라 불리기도 했어요.

이어 키루스 2세의 아들 캄비세스 2세가 아버지가 정복하지 못한 이집트를 공격해 빼앗았고, 다리우스 1세가 영토를 인도 부근까지 확대했어요. 다리우스 1세는 페르시아의 영토를 셋으로 나눈 뒤, 왕이 임명한 태수가 그 지역을 다스리게 했어요. 그리고 수시로 관리인을 보내 태수들이 충성을 다하고 있는지 살피게 했지요. 아울러 먼 곳에서도 빠른 연락을 취하기 위해 넓은 길을 닦았어요. 도량형을 전국에 시행하도록 했고, 정복 지역의 백성들이 내는 세금을 금화로 통일했어요.

이로써 페르시아는 안팎으로 막강한 힘을 갖게 되었고, 페르시아가 정복할 나라는 오로지 그리스뿐이었답니다.

**페르세 폴리스에 새겨진
다리우스 1세의 조각**
다리우스 1세는 인더스강부터 사하라 사막에 이르기까지 넓은 땅을 차지했다.

 도량형
- - - - - - - - - - - - - - - - - - - -
길이, 무게 분량의 단위를 말하는 거야.

페르시아가 제국을 통일시킬 수 있었던 이유는 무엇일까?

지중해와 고대 국가의 무역

꿀, 밀랍 목재

지중해는 당시 주변의 여러 나라를 연결해 주는
빠른 '고속도로'와 같은 역할을 했어요.
지중해의 바닷길을 통해서 여러 나라가
다양한 상품과 원료를 주고받으면서
문명을 성장시켰고 국력을 키웠지요.
특히 청동기는 문명의 발전에 핵심적인 역할을
했기 때문에, 그 원료인 구리와 주석의
교역이 아주 활발했어요.

이집트는 금과 보석을 수출하고,
미케네 사람들은 북부의 농경 민족에게
꿀, 밀랍, 목재를 사들여
발칸 반도 등지에 공급했어요.
크레타 사람들은 올리브와 포도, 흑요석을
이집트 등 여러 나라에 공급했어요.

이집트

지중해 무역을 주도하는 나라가
곧 주변에 큰 영향력을 행사하곤 했어요.
훗날, 그리스와 로마가 지중해를 차지하면서
큰 나라로 성장했듯이 말이에요.

올리브, 포도

지중해

금, 보석, 흑요석

4장 고대 그리스의 성장

흑해

카스피해

펠로폰네소스 전쟁
• 기원전 431~404년

아테네
스파르타

박트리아

파르티아

페르시아 전쟁
• 기원전 492~448년

지중해

알렉산드로스의 대제국
• 기원전 333~329년

바빌론

알렉산드리아

멤피스

인더스강

홍해

페르시아만

아라비아해

고대 그리스-헬레니즘의 세계

나는 스파르타에 사는 바시나스라고 해. 올해 나는 일곱 살이야. 이제 곧 학교에 들어가. 아, 그렇다고 교실에 앉아서 공부를 하는 것은 아니야. 학교에 가면 합숙을 하면서 군사 훈련을 받게 될 거야. 매일 산과 들을 달리며 체력 훈련도 하고, 창과 칼을 쓰는 훈련도 하겠지. 맨발로 숲과 자갈길을 뛰어다니는 훈련도 있대. 며칠씩 밥을 먹지 않거나, 한겨울에 얇은 옷만 입고 견디는 훈련은 좀 걱정되기도 해. 하지만 그런 과정을 견뎌야 스파르타의 위대한 전사가 되겠지?

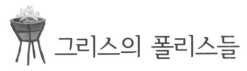

그리스의 폴리스들

도리아 사람들의 이동

그리스 반도에는 미케네 사람들이 사라진 뒤, 북방에서 내려온 도리아 사람들이 정착해 살고 있었어요. 그들은 주로 올리브와 밀, 포도를 재배했고, 가축을 키웠어요. 높고 험한 산지가 많은 지리적인 조건 때문에 주로 골짜기나 해안의 좁은 들판에 작은 도시 국가를 이루어 살았지요. 이것을 폴리스(Polis)라고 불러요.

각각의 폴리스는 독립적이었지만, 같은 언어를 사용했고, 종교와 문화적 토대도 같았어요. 도리아 사람들은 폴리스의 중심지 언덕에 아크로폴리스라는 큰 성채를 만들고, 이곳에 신전을 지은 다음 함께 신에게 경배를 올렸어요. 그 아래에는 아고라(Agora)라고 불리는

 폴리스

하나의 도시와 그 주변 지역을 포함하는 작은 도시 국가를 말해. 대표적인 폴리스로는 아테네가 있었어.

아고라

폴리스 안의 광장으로 시민들의 토론과 상업 활동이 이루어지는 장소였어.

광장이 자리 잡고 있었지요. 폴리스 사람들은 아고라에 모여 공동체의 일을 의논하곤 했어요.

뿐만 아니라 이들은 4년에 한 번씩 올림피아의 제우스 신전에 모여 운동 경기를 즐기고 문화 행사를 열었어요. 올림피아 제전은 그리스 민족이라면 누구나 참여할 수 있었지만 다른 민족은 참여할 수가 없었어요. 민족의식이 강해서 폴리스에 대한 충성심이 강한 반면, 다른 민족들에 대한 배타심도 아주 강했던 것이지요.

여자와 죄를 지은 자에게도 참여를 금지시켰고, 결혼한 여인은 구경도 못하게 했어요. 그만큼 그리스 사람들은 올림피아 제전을 신성한 행사로 여겼어요.

올림피아 경기장의 풍경과 원반 투수 조각상
올림피아 경기장은 제우스 신을 숭배하는 중심지였다. 신전, 올림픽 경기 관련 건물, 제단 등의 고대 건축물이 남아있다.

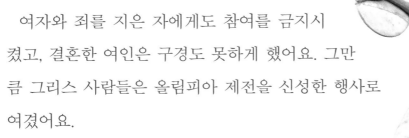

제전은 5일간 계속되었고, 달리기, 씨름, 원반던지기, 투창 등의 경기를 치렀어요. 그리고 우승자에게는 월계수로 만든 관을 머리에 얹어 주었지요. 그리스 사람들은 올림피아 제전을 통해 더욱더 민족의식을 고취시켰고, 발전의 계기로 삼았어요. 이것이 훗날 올림픽의 기원이 되었어요.

시간이 지날수록 많은 폴리스가 생겨났어요. 그리스 사람들은 지중해와 흑해 일대, 아프리카 해안과 시칠리아섬, 남부 이탈리아 등을 다니며 곳곳에 폴리스를 세

윘어요. 한때는 폴리스의 수가 본토에만 150여 개가 넘었고, 세계 곳곳에 건설된 폴리스까지 1000개가 넘었어요.

그리스 사람들은 식민지를 만든 덕분에 식량 문제가 해결되었고, 상공업이 크게 발달했어요. 이런 변화는 그리스 본토의 생활에도 영향을 미쳤지요. 경제적으로 부유해진 그리스 사람들이 노예에게 일을 맡기고 자신들은 고상한 생활을 즐기기 시작한 것이에요.

민주 정치를 꽃피운 아테네

폴리스 가운데 가장 빠르게 발달해 그리스 세계의 중심으로 자리 잡은 것은 아테네(Athens)였어요. 특히 아테네에서는 민주주의를 꽃피워 다른 폴리스의 모범이 되었지요.

물론 아테네도 처음에는 왕이 나라를 다스렸어요. 하지만 기원전 7세기 무렵에 귀족들이 주요한 관직을 차지하고 권력을 독점했어요.

이에 상공업이 발달하며 경제력이 크게 높아진 농민과 상인들은 앞다투어 정치

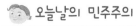 오늘날의 민주주의
국민을 위한 정치를 말해. 자유와 평등, 인간의 존엄성을 가장 중요하게 생각해.

솔론의 개혁

솔론은 아테네의 시인이자 정치가였어. 솔론은 빚으로 노예가 된 시민들의 자유를 주장하고, 재산 소유의 정도에 따라 정치에 참여할 수 있는 권리를 주었다고 해.

민회

나라의 크고 작은 일들을 결정하기 위해 시민들이 모여 투표를 했던 회의를 말해. 아테네의 민회는 민주주의의 길을 열어 주었지.

참여를 요구했어요. 그러자 시인이자 정치가였던 솔론이라는 사람이 개혁안을 내놓았지요.

하지만 이 개혁안은 귀족과 시민들이 모두 불만을 가져 오래가지 못했어요. 아테네는 다시 혼란에 빠졌어요.

그러자 불법으로 권력을 빼앗아 독재를 행사하는 인물이 나타났어요. 이를 참주라고 불렀는데, 간혹 그들 중에는 시민의 편에서 선정(백성들을 어질고 바르게 다스리는 정치)을 베푸는 참주도 있었어요. 하지만 참주는 권력을 강제로 뺏은 사람이어서 오래 신뢰를 얻지는 못했어요.

그러던 기원전 6세기 말엽, 클레이스테네스가 나타나 아테네의 정치 제도를 근본적으로 고쳤어요.

"앞으로 모든 시민들이 참여하는 민회에서 나랏일을 결정하겠소."

클레이스테네스는 도편 추방법을 제안했어요. 도편 추방법이란, 사람들에게 도자기 파편에 포악한 참주가 될 위험이 있는 인물을 적어 내도록 하고, 그 파편의 개수가 6000개가 넘으면 아테네에서 10년간 추방하는 제도였어요. 아테네는 이 제도의 도움으로 민주 정치의 기반을 착실히 다져 나갔지요.

하지만 스파르타(Sparta)는 아테네와 전혀 달랐어요.

도편 추방 투표 때 사용했던 도자기 조각
도편 추방 투표는 아테네에서 실시되었던 비밀 투표 중 하나였다. 위험 인물을 투표로 뽑아 나라 밖으로 추방하였다.

 # 혹독한 훈련을 한 스파르타

스파르타는 왕의 권력을 유지하면서 군사적으로 강한 나라를 만드는 것이 목표였어요. 스파르타에는 선주민(원래 살던 주민) 노예들이 많이 살았는데, 이들이 언제 반란을 일으킬지 몰라 이에 대비해야 했기 때문이에요.

그래서 스파르타는 시민들의 행동과 교육, 심지어 결혼과 일상생활까지 철저히 간섭하고 누구나 국가에 복종하도록 길들였어요. 시민들은 엄격한 규율을 지켜야 했고, 어릴 때부터 혹독한 훈련을 받았어요.

"나약한 아이가 태어나면 산속에 버리시오. 허약한 아이들은 스파르타의 시민이 될 자격이 없소."

스파르타는 건강한 아이만 골라 일곱 살이 되면 군대와 같은 교육 기관에 들여보내 전사가 되는 훈련을 시켰어요.

아이들은 배고픔을 참는 법부터 추위를 견디는 법까지 정신과 체력을 단련하는 훈련을 했어요. 여자아이들에게도 훈련을 시켰지요.

먹지 않고 오래 버틸 수 있어야 해!

"너희는 훗날, 위대한 스파르타 전사를 낳는 훌륭한 어머니가 되어야 한다!"

어떤 스파르타의 어머니는 여덟 명이나 되는 자식을 모두 전쟁터에서 잃었는데도, 눈물 한 방울 흘리지 않고 자랑스러워했답니다.

스파르타의 청년들은 스무 살이 되면 특별한 시험을 치르고 군대에 들어갔어요. 만약 시험에 떨어지면 투표권을 얻지 못했고, 스파르타의 시민으로 인정받지 못했어요.

군대에서는 많은 청년들이 기숙사에서 함께 먹고 자며 생활을 했어요. 군대 생활을 하다가 전쟁이나 폭동이 일어나면 목숨을 걸고 싸워야 했지요. 그리고 결혼을 해도 군사 훈련을 계속 받아야 했어요.

스파르타는 이런 혹독한 교육과 훈련 덕분에 기원전 700년 전 말엽, 그리스에서 가장 강한 나라가 되기도 했답니다.

스파르타 군인의 조각상
스파르타는 혹독한 군사 훈련으로 그리스에서 가장 강력한 군대를 가졌었다.

그리스와 페르시아의 전쟁

아테네와 스파르타를 중심으로 순풍에 돛을 단 듯 발전하던 그리스는 뜻밖의 걸림돌을 만났어요. 다름 아닌 페르시아였지요. 페르시아는 이미 바빌론을 점령하고, 이집트, 인도까지 손을 뻗쳤고 마침내 소아시아 일대의 그리스 식민지까지 하나둘씩 병합해 나가기 시작했어요. 그리스의 식민 도시 사람들은 급기야 그리스 본토에 지원을 요청했어요.

"우리 식민 도시들이 불타고 있습니다. 우선 군함 20척을 보냅시다."

스파르타는 돕지 않았지만, 아테네는 군함을 파견했어요. 그러자 페르시아는 이를 핑계 삼아 그리스 본토를 공격했어요. 이것이 바로 페르시아 전쟁의 시작이에요.

하지만 첫 번째 공격(기원전 492년)은 실패였어요. 폭풍을 만나 페르시아의 군함 300여 척이 싸움을 하기도 전에 물속으로 가라앉아 버렸기 때문이에요.

2년 뒤, 페르시아의 왕 다리우스 1세는 두 번째 원정군을 보냈어요. 그들은 곧장 아테네를 공격하기 위해 마라톤(Marathon) 평원에 상륙했어요. 마라톤 평원에서 아테네까지는 불과 42킬로미터 남짓한 거리였어요.

아테네 시민들 대부분이 중장 보병으로 전투에 참여했지만 두 배나 많은 페르시아군을 상대하기는 힘들었어요.

그리스의 총지휘관에 임명된 밀티아데스는 꾀를 냈어요.

"싸움에 능한 병사들을 양 날개에 두고, 나머지 병사들은 적의 한가운데를 공격하라!"

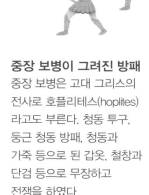

뜻밖의 전술에 놀란 페르시아군은 허둥지둥 당황했어요. 정면에서 공격하나 싶었는데, 허리를 자르듯 양면에서 공격하니 제대로 된 반격을 할 수 없었지요. 페르시아군의 대열은 금방 흐트러졌고, 마침내 싸움은 그리스군의 승리로 끝났어요.

그리스군 병사는 승리의 소식을 전하기 위해 아테네로 뛰어갔어요.

"우리 군대가 승리했다!"

병사는 시민들에게 승리 소식을 남기고 쓰러졌어요. 이 일로 훗날 마라톤 경주가 시작된 것이랍니다.

하지만 복수심에 불탄 페르시아군은 기원전 480년, 30만의 대군을 이끌고 육지와 해상에서 동시에 그리스를 공격했어요.

육지에서는 스파르타의 왕 레오니다스가 페르시아군

중장 보병이 그려진 방패
중장 보병은 고대 그리스의 전사로 호플리테스(hoplites)라고도 부른다. 청동 투구, 둥근 청동 방패, 청동과 가죽 등으로 된 갑옷, 철창과 단검 등으로 무장하고 전쟁을 하였다.

 마라톤

육상 경기에서 가장 긴 거리를 달리는 종목이야. 42,195 킬로미터를 달리는데, 마라톤을 하기 위해서는 강한 체력과 끈기가 필요해. 페르시아 전쟁에서 병사가 그리스의 승리를 알리기 위해 40킬로미터나 되는 거리를 뛰어온 것이 마라톤의 기원이야.

을 테르모필레라 불리는 좁은 골짜기로 유인해서 싸웠어요. 하지만 많은 병력의 페르시아군을 당해 내지 못하고 왕과 함께 싸운 300명의 병사가 모두 죽었어요. 그러나 페르시아군도 상당한 피해를 당해 진격이 늦어졌답니다.

해상에서는 아테네의 명장 테미스토클레스가 페르시아 함대를 살라미스라는 좁은 수로로 유인했어요.

테미스토클레스의 명령에 따라 그리스 함선들은 일제히 달려들어 페르시아 함대의 옆구리를 들이받았어요. 당황한 페르시아 함대는 좁은 수로를 빠져나가려고 발버둥 치다가 오히려 배들끼리 부딪쳐 더욱 곤란한 지경에 빠졌어요.

심지어 폭풍우까지 몰아쳤어요. 이때 그리스 함대는 재빨리 수로를 빠져나왔지만, 뒤엉켜 버린 페르시아군은 폭풍우에 휩쓸렸어요. 페르시아 함대의 절반 이상이 바다 속으로 가라앉고 말았지요.

페르시아군은 후퇴하지 않을 수 없었어요. 분노한 페르시아의 왕 크세르크세스(다리우스 1세의 아들)는 이듬해 다시 그리스를 침략했지만, 그때도 그리스는 페르시아군을 막아 냈답니다.

펠로폰네소스 전쟁, 그리스의 몰락

전쟁 이후 아테네의 위상은 크게 높아졌어요. 그리스가 페르시아와의 전쟁에서 승리할 수 있었던 데에는 아테네의 공이 가장 컸기 때문이에요. 이를 계기로 그리스의 많은 폴리스가 아테네를 중심으로 동맹을 만들었어요. 이를 델로스 동맹이라고 불러요.

언제 다시 페르시아가 쳐들어올지 몰랐기 때문에, 동맹에 가입한 폴리스는 군함과 선원, 돈을 모아서 전쟁에 대비했어요.

 델로스 동맹

아테네와 에게해 주변의 여러 도시 국가들이 페르시아의 공격에 대비하여 만든 동맹이야. 하지만 후에 아테네가 이 동맹을 영토 확장에 이용하면서, 스파르타와 갈등이 빚어졌지.

아테네는 점점 더 강한 군대를 갖게 되었고, 거대한 제국으로 성장하게 되었어요. 이때, 정권을 잡게 된 페리클레스는 동맹국의 도움을 받아 쌓은 재력을 바탕으로, 아테네의 민주주의를 더욱 발전시키면서 시민들에게 문화와 예술을 권장했어요.

"우리의 신을 위해 신전을 지읍시다!"

파르테논 신전
그리스 아테네의 신전으로 아테네의 수호 여신인 아테나를 위해 지어졌다.

 군비

전쟁을 시작하거나, 전쟁을 대비하기 위한 무기, 설비 등을 마련하는 것을 말해.

아름다운 파르테논 신전을 건설한 것도 페리클레스였어요. 다양한 분야의 학문과 예술에 대해 풍부한 학식을 가지고 있었던 페리클레스는 아테네 전체를 대리석으로 장식해 아테네를 세상에서 가장 아름다운 도시로 만들었어요. 그래서 이때를 '아테네의 황금시대'라 부른답니다.

아테네는 자신의 커진 힘을 믿고 제멋대로 굴었어요.

"페르시아와 조약을 맺어 침략의 위험이 없으니, 더 이상 군비를 낼 필요가 없지 않나?"

폴리스의 불만에도 불구하고 아테네는 계속 돈을 거두어들였고, 이에 불만을 품고 반란을 일으키면 가차 없이 무력으로 진압을 했어요.

결국 아테네에 불만을 품은 폴리스들은 하나둘씩 동

맹에서 떨어져 나갔어요.

마침 이때, 아테네를 견제하기 위해서 스파르타가 펠로폰네소스 동맹이라는 또 다른 동맹을 만들었어요. 마침내 폴리스는 아테네와 스파르타를 내세워 싸움을 시작했어요. 이 전쟁을 펠로폰네소스 전쟁이라 하는데, 무려 27년간 계속되었답니다.

전쟁은 스파르타가 승리했어요. 그 결과 델로스 동맹은 해체되었고, 아테네는 빠르게 몰락했어요. 스파르타가 그리스 전체를 지배하게 된 것이지요.

하지만 이 전쟁은 아테네뿐만 아니라, 스파르타의 국력도 쇠퇴시켰어요. 그리스 사람들이 야만족이라 여기던 북쪽의 마케도니아와 잠잠했던 페르시아가 그리스

펠로폰네소스동맹

펠로폰네소스 반도 주변의 여러 도시 국가들이 스파르타가 중심이 되어 만든 동맹이야. 아테네를 견제하기 위해 만든 동맹이지.

펠로폰네소스 동맹

를 압박하기 시작했기 때문이에요. 그리스의 폴리스들은 너나 할 것 없이 빠르게 몰락의 길을 걸었답니다.

고대 그리스가 남긴 문화유산

그리스는 몰락하기 전까지 수많은 유산을 남겼어요. 그리스 사람들은 각각의 능력을 가진 12신을 섬기면서 그들을 위한 신전을 짓고(건축술), 신들의 모습을 새기면서(조각), 신들의 이야기를 쓰고(문학), 나아가 신을 기쁘게 해주기 위해 체전(고대 올림픽)을 열면서 여러 분야의 문화를 발달시켰어요.

문학 작품으로는 트로이 전쟁을 노래한 호메로스의 《일리아드》와 《오디세이》가 있고, 그리스의 가장 훌륭한 건축과 조각 중의 하나인 파르테논 신전과 아테네 여신상도 이때 만들어졌지요.

또한 '지혜로운 자'라는 뜻으로 불리던 소피스트가 등장했어요. 이들은 민주 정치의 발달로 세련된 토론과 대화가 필요해진 사람들에게 수사학과 웅변을 가르쳤어요.

소피스트

사람들에게 웅변, 도덕, 역사, 문법, 음악 등을 교육했던 지식인들이야. 소피스트들의 교육은 민주 정치 발달에 도움을 주었어.

수사학

생각이나 감정을 논리적, 효과적으로 표현할 수 있도록 연구하는 학문을 말해.

"말을 할 때는 특별한 요령이 필요해요."

도시마다 소피스트들이 목소리를 내고 다녔어요. 하지만 시간이 지남에 따라 상대를 말로써 제압하고 이기려는 방법만 가르쳤어요. 뿐만 아니라 교묘한 말재주로 논리를 꿰어 맞추고 지혜로운 척했지요. 그래서 소피스트들은 궤변론자라는 비난을 받기도 했어요.

그때 소크라테스가 나타나, "너 자신을 알라!"라는 말을 남겼어요. 이 말은 자신의 부족함을 먼저 알아야 참다운 지식에 이를 수 있다는 뜻이었어요. 이 말 때문에 어리석은 지도자들에게 오해를 불러일으켜 결국 사형 선고를 받고 말았지만, 소크라테스의 주장은 그리스 철학의 새로운 출발점이 되었답니다.

그런가 하면 역사책을 남겨 후세에 교훈이 되게 한 사람도 있었어요. 역사의 아버지라 불리는 헤로도토스였는데, 그는 소아시아와 이집트, 시리아 등을 여행하고 돌아와서 《역사》를 남겼답니다.

소크라테스

사람들과 철학적인 대화를 주고받는 토론과 묻고 답하는 형식의 대화법을 즐겼던 철학자야. 자신이 잘 모르는 것에 대한 깨달음과 스스로를 돌아봄으로써 지혜를 얻을 수 있다고 주장했어.

너 자신을 알라.

알렉산드로스 대왕의 동방 원정

펠로폰네소스 전쟁 후 그리스의 폴리스들은 혼란에 빠졌어요. 이 틈을 타서 북방의 마케도니아는 점점 세력을 키우고 있었지요.

필리포스 2세(알렉산드로스 대왕의 아버지)는 왕위에 오르자마자 군사를 모아 기병대를 조직하고 전술을 갈고닦아 국력을 길렀어요. 그리고 마침내 마케도니아는 그리스 본토를 공격했어요.

그리스의 폴리스들은 아테네와 테베를 중심으로 마케도니아에 반대하는 동맹군을 결성하고 필리포스 2세에 대항했지요. 양쪽의 군대는 카이로네이아에서 한바탕 싸움을 벌였어요. 이 전투에는 열여덟 살이었던 마케도니아의 왕자, 알렉산드로스(98쪽)도 참여했어요.

"병사들은 창을 높이 들고 나를 따르라!"

필리포스 2세는 병사들을 이끌고 동맹군을 공격했어요. 그러고는 후퇴하는 척했다가, 다시 기병대를 돌진시키는 방법으로 동맹군의 대열을 흐트러뜨렸어요.

필리포스 2세는 이때를 노려 정예 병사들을 이끌고 적의 한가운데를 뚫고 나

기병대

말을 타고 재빠르게 이동할 수 있는 능력의 군사들을 말하지.

갔지요. 동맹군은 우왕좌왕하기 바빴고, 마케도니아 병사들은 동맹군을 순식간에 무찔렀어요.

마케도니아는 큰 승리를 거두었고, 그리스는 마케도니아의 손에 들어왔어요.

이후 필리포스 2세는 페르시아를 정벌하려고 했지만 안타깝게도 암살을 당하고 말았어요. 그리고 곧바로 알렉산드로스가 스무 살의 나이로 왕위에 올랐지요. 페르시아 정벌은 알렉산드로스의 몫이 되었어요.

알렉산드로스는 여기저기서 일어난 반란을 진압하고 마침내 기원전 334년 봄, 페르시아를 향해 원정을 나섰어요.

알렉산드로스의 조각상
마케도니아의 왕이었다.
그리스, 페르시아, 인도에
이르는 넓은 제국을 세웠으며
그리스 문화와 오리엔트
문화를 합쳐 헬레니즘
문화를 만들었다.

알렉산드로스의 군대는 맨 먼저 그라니코스 강가에서 페르시아군과 마주쳤어요.

알렉산드로스는 가장 앞에서 강을 건너고, 적진으로 들어가 단숨에 적장의 목을 베었어요. 그러자 마케도니아 병사들은 용기를 얻어 강을 건넜고, 사기가 떨어진 페르시아군을 물리쳤어요.

이 싸움 후, 페르시아에 복종하던 소아시아의 많은 도시가 스스로 항복을 했어요. 마침내 알렉산드로스는 페르시아의 왕 다리우스 3세와 마주쳤어요.

"다리우스 3세가 대군을 이끌고 기다리는 이수스 벌판은 몹시 울퉁불퉁해 기병대가 제대로 활약할 수 없을 것이다. 나는 보병을 이끌고 적의 심장을 뚫겠다!"

알렉산드로스의 예상은 적중했어요. 거친 벌판을 달릴 수 없는 기병이 주춤거리고 있을 때, 알렉산드로스는 보병을 이끌고 적진을 향해 달려갔어요. 화살이 날아와 허벅지에 박혔지만 아랑곳하지 않고, 페르시아군을 무섭게 몰아부쳤지요. 페르시아군은 금세 대열이 흐트러졌고, 후퇴하기 시작했어요.

마케도니아군은 비록 다리우스 3세를 붙잡는 데는 실패했지만, 왕비와 공주를 사로잡는 등 큰 승리를 거두었어요. 알렉산드로스는 예로부터 페르시아 해군의

근거지였던 페니키아 지방을 점령하고 이집트로 나아
갔어요.

"오오! 우리를 해방시킨 파라오여! 환영합니다!"

이집트 사람들은 페르시아의 지배로부터 자신들을
해방시킨 알렉산드로스 대왕을 파라오라 부르며 환영
했어요.

그리고 마침내 알렉산드로스는 다리우스 3세와 한
번 더 싸워 페르시아의 수도 페르세폴리스마저 손에
넣었어요. 스스로를 페르시아 왕이라고 부르면서, 더
동쪽으로 나아가 이란 사람들과 싸우고, 기원전 327년
에는 인더스 강가에 이르렀지요. 동서양에 걸친 대제국
을 이룬 거예요.

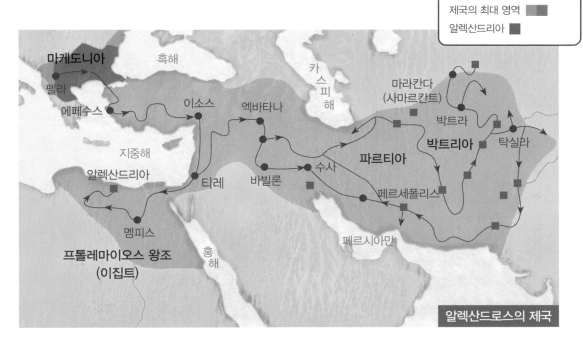

알렉산드로스의 원정로 →
제국의 최대 영역 ■
알렉산드리아 ■

마케도니아
흑해
펠라
에페수스
이소스
엑바타나
카스피해
마라칸다 (사마르칸트)
박트라
박트리아
탁실라
지중해
알렉산드리아
티레
바빌론
수사
파르티아
페르세폴리스
멤피스
홍해
페르시아만
프톨레마이오스 왕조 (이집트)

알렉산드로스의 제국

아시아까지 전파된 헬레니즘 문화

인더스강에 도달한 알렉산드로스는 더 이상 나아가지 못했어요. 무엇보다 병사들이 오랜 싸움으로 지쳐 있었고, 장마가 계속되었기 때문이에요. 알렉산드로스는 하는 수 없이 원정군을 둘로 나누어 육로와 해로를 통해 돌아가게 했어요.

페르시아의 수도로 돌아온 알렉산드로스는 가장 먼저 성대한 결혼식을 올렸어요.

"나는 페르시아의 공주이자 다리우스 3세의 딸을 아내로 맞이할 것이다!"

알렉산드로스와 록사나
알렉산드로스는 페르시아의 공주 록사나와 결혼을 하고, 관리와 병사들에게도 페르시아의 여성들과 결혼할 것을 권장하였다.

알렉산드로스는 페르시아 옷을 입는 것을 주저하지 않았어요. 뿐만 아니라 마케도니아 귀족 90여 명에게 명하여, 그들 역시 페르시아 귀족 출신의 여인들과 결혼하게 했어요. 또, 페르시아 청년 3만 명을 뽑아 그리스어를 가르치고 전술 훈련을 시켜 자신의 친위대로 만들었지요.

알렉산드로스가 수많은 귀족과 부하들의 반대에도 불구하고 이러한 정

－피에트로 안토니오 로타리 〈알렉산드로스와 록사나〉

알렉산드리아 유적
알렉산드로스는 점령지에
자신의 이름을 딴 도시를
세웠다.

책을 펼친 데에는 나름의 이유가 있었어요. 그것은 자신이 정복한 나라의 전통을 유지하는 게 그들을 통치하기에 유리하다고 판단했기 때문이에요. 나아가 그들의 문화와 그리스 문화를 융합하여 새로운 문화를 만들려는 생각에서였지요. 알렉산드로스는 자신이 정복한 지역 곳곳에 자신의 이름을 딴 도시, 알렉산드리아를 세우고 새로운 문화의 중심지로 삼았어요.

　이런 알렉산드로스의 노력으로 헬레니즘(Hellenism)이라는 새로운 문화가 생겨났어요. 헬레니즘은 알렉산드로스가 동방 지역을 원정하는 과정에서 그리스의 문화와 오리엔트의 고유문화가 융합되며 생겨난 것이었어요.

 헬레니즘
- - - - - - - - - - - - - -
알렉산드로스의 동방 원정으로 그리스와 오리엔트가 서로 영향을 주고받은 문화를 말해.

유레카!
유레카!
유레카!

아르키메데스

고대 그리스의 수학자이자
물리학자였어.
지레의 원리, 부력의 원리
등을 발견하였지.

가장 중요한 건
개인의 행복이야.

알렉산드로스

마케도니아의 왕이었어.
그리스와 오리엔트 문화를
융합하여 헬레니즘 문화를
이뤄 냈어.

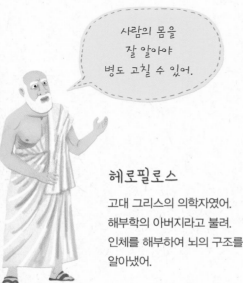

사람의 몸을
잘 알아야
병도 고칠 수 있어.

헤로필로스

고대 그리스의 의학자였어.
해부학의 아버지라고 불려.
인체를 해부하여 뇌의 구조를
알아냈어.

"이제 국가나 민족은 중요하지 않아. 그것보다는 개인이 어떻게 행복을 누릴 수 있는지가 더 중요하지!"

이런 생각이 바로 헬레니즘 문화의 핵심이었어요. 그리하여 에피쿠로스와 같은 철학자들은 '현실 세계에서 정신적인 만족을 추구하는 것이 가장 중요하다!'라는 주장을 내놓기도 했어요.

개인을 더 중요시하는 사상은 미술과 같은 예술 영역에서도 드러났어요. 그리스 시대의 미술 작품은 조화와 균형을 중요시 했는데 그에 비해서 헬레니즘 시대의 미술은 인간의 육체나 감정을 있는 그대로 드러내는 작품이 많았어요. 《밀로의 비너스》나 《라오콘 상》이 대표적인 작품이에요.

헬레니즘 미술은 멀리 인도까지 전해져 간다라 불교 미술을 낳았고, 훗날에는 중국과 한반도에도 영향을 미쳤답니다.

그런가 하면, 실용적인 자연 과학도 발달했어요. 아르키메데스가 목욕탕에서 부력의 원리를 알아내고 발가벗고 뛰쳐나왔던 것도 이때 일어난 일이에요.

또한 최초로 여러 사람 앞에서 인체를 해부했던 해부학의 아버지 헤로필로스도 이 무렵에 활약하던 의학자였답니다.

헬레니즘의 영향은 아주 커서, 알렉산드로스가 서른두 살의 나이로 세상을 떠난 뒤에도 그 문화는 300년 후까지 계속되었어요.

그리스의 문화는 알렉산드로스가 헬레니즘 시대를 열면서 세계로 확대되었어.

예술 작품으로 보는 그리스 문화

그리스 시대를 대표하는 건축물인 파르테논 신전과 밀로의 비너스상을 보면
그리스 사람들이 조화와 균형 감각을 매우 중시했다는 사실을 알 수 있어요.
파르테논 신전을 통해 빈틈이 느껴지지 않는 안정감과 장엄함을 느낄 수 있지요.
또한 밀로의 비너스상을 통해 균형을 갖춘 육체의 아름다움을 느낄 수 있어요.

파르테논 신전은 그리스 문명의 최전성기 시절인
페리클레스 시대에 완성되었어요.
도리아식 양식으로 지은 건축물 중
최고라 할 수 있어요.

육체적인 아름다움을 잘 나타낸
헬레니즘 문화의 대표적인 조각상
밀로의 비너스예요.

도리아식 기둥 양식

이오니아식 기둥 양식

코린트식 기둥 양식

파르테논 신전

에레크테이온 신전

제우스 신전

그리스의 건축 양식은 처음에는 기둥이 굵고,
기둥의 머리는 둥근 사발 모양의 도리아식이 발달했는데,
점차 경쾌하고 우아한 이오니아식으로 바뀌어 갔어요.
그리고 헬레니즘 시대에는 화려한 장식을 사용한
코린트식으로 변했어요.

5장 중국의 통일 국가 출현

연

진

조

제

진

위

은허

노

한

낙읍

오

호경

초

월

고조선

춘추 5패 전국 7웅

춘추 5패 ⬤ 전국 7웅 ▢

나는 한나라에 사는 션쉬란이야. 나는 곧 아빠를 따라서 서쪽 나라로 갈 거야. 우리 아빠는 물건을 파는 상인인데, 이번에는 비단을 가지고 대진국(로마)까지 가실 생각인가 봐. 그 나라에는 옥이나 보석과 같이 진귀한 물건들이 엄청 많대. 비단을 진귀한 물건들과 바꿔 오려는 거지. 장건이란 분이 개척해 놓은 비단길을 따라갈 참이야. 그 길을 통해서 불교도 들어왔고, 아라비아 상인도 오갔대. 정말 재미있는 여행이 될 것 같아. 하지만 한편으로는 만만치 않은 여행이 될 수도 있어. 높은 산과 험한 황무지 길인 데다가 워낙 먼 길이라고 들었거든.

춘추 전국 시대가 열리다

북방의 견융족이 주나라에 침입해 도성마저 빼앗겼을 때, 유왕의 아들 평왕(平王)은 동쪽으로 도망쳐 낙읍(지금의 낙양)을 새 도읍으로 삼았어요.(기원전 770년) 그가 동쪽으로 도망쳤기 때문에, 이때부터를 동주 시대라 부른답니다.

주나라의 힘이 약해지면서 제후들은 저마다 다른 마음을 품게 되었어요. 많은 제후국들이 제각각 힘을 키우기 시작했지요.

제후국들은 자신들만의 정책을 추진하면서 더 큰 세력으로 성장했어요. 그들은 영토를 넓히고 주변의 다른 민족들까지 끌어들여 나라의 덩치를 키웠지요. 특히 제(齊)나라, 진(晉)나라, 오(吳)나라, 월(越)나라, 초(楚)나라의 성장이 두드러졌는데, 이들을 '춘추 5패'라 부르기도 했어요. 또한 이때를 춘추 시대라 말하지요.

이들은 서로의 세력을

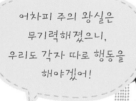

어차피 주의 왕실은 무기력해졌으니, 우리도 각자 따로 행동을 해야겠어!

견제하면서 이웃 제후국을 제압하고 성장해 나갔어요. 아직 주나라의 영향력이 남아 있어서, 주나라 왕의 핑계를 대며 군사를 일으키기도 했고, 나중에는 제후를 내쫓고 권력을 차지하는 경우도 있었어요.

특히 진(晉)나라는 세 신하가 나라를 세 등분 해 쪼개 가지는 바람에 한(韓)나라, 조(趙)나라, 위(魏)나라로 나뉘었지요. 이때부터를 전국 시대라고 불러요.

"의리보다는 나라의 이익을 먼저 따져야 하오."

춘추 시대는 명분이나 의리를 중시했지만, 전국 시대에는 나라의 이익을 더 따졌어요. 강한 나라만이 살아남을 수 있다고 생각했거든요.

때문에 나라들 간의 영토 싸움이 이전보다 훨씬 치열했어요. 나라를 발전시키고, 키워 나가려면 더 넓은 영토가 필요했으니까요. 특히 이때, 철기가 더욱 넓게 퍼져 나가 싸움이 더 거칠고, 격렬해졌어요.

전국 시대에는 위나라, 한나라, 조나라, 연나라, 제나라, 초나라, 진나라 등 일곱 개의 나라가 다투었어요. 이들을 통틀어 '전국 7웅'이라고 불렀지요.

또, 춘추 시대부터 전국 시대까지의 제후들은 저마다 우수한 인재를 뽑았어요.

이때, 수많은 학자와 사상가들이 자유롭게 다양한 생

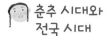

춘추 시대와 전국 시대

동주 시대는 춘추 시대와 주나라 멸망 이후로 나누어져. 춘추 시대는 훗날 주나라의 제후국인 진(晉)나라가 한(韓)나라, 조(趙)나라, 위(魏)나라로 갈라질 때까지를 말하고, 그 이후부터 진(秦)나라(앞의 진나라와 다른 나라)가 통일하는 기원전 221년 때까지를 전국 시대라고 해. 춘추 시대의 춘추라는 말은 공자가 지은 책 《춘추》에서 유래된 말이야.

제자백가

제자의 '子(자)'는 훌륭한 스승에게 붙는 호칭이고, '家(가)'는 그 스승 밑에서 공부한 제자나 후배들을 의미해.

각들을 쏟아 냈어요. 이들을 제자백가(諸子百家)라고 불러요.

공자는 유가 사상을 퍼트렸는데, '사람을 사랑하는 것'을 '인(仁)'이라 칭하고 가정에서부터 실천해야 한다고 말했어요. 《논어》라는 책을 보면 공자의 사상과 말과 행동들이 잘 기록되어 있지요.

맹자는 유가 사상을 발전시켜 사람은 태어나면서부터 선하다는 성선설을 주장했어요.

하지만 도가 사상을 발전시킨 노자는 유가의 도덕을 인위적인 것이라 부정했어요. 그러고는 '자연으로 돌아가라!'는 주장을 내놓았지요.

묵자는 유가, 도가 사상과 대립하면서 사람들이 평등

임금은 어진 정치를 펼치고, 백성들은 부모에게 효도하고 어른을 공경해야 해.

공자

도덕적인 정치를 강조했어. 제자들이 그의 사상과 말들을 엮어 《논어》를 펴내기도 했어.

정치는 아무것도 하지 않고 자연스러움을 따라야 해.

노자

도덕과 법보다는 자연을 본받는 생활을 강조했어. 자연 그대로의 무위자연을 존중했지.

하게 서로 사랑하고 남을 위하면 하늘의 뜻과 일치하여 평화롭게 된다는 겸애를 주장했어요.

한비자와 같은 법가 사상을 주장한 사람들은, 인간은 상과 벌에 좌우되는 존재이므로 군주가 철저하게 법으로 백성들을 다스려야 한다고 소리를 높였어요. 특히 이들의 주장은 여러 나라에서 부국강병의 한 방법으로 실천되기도 했답니다.

춘추 전국 시대는 전쟁을 끊임없이 벌이면서도 사상이 크게 발달한 사회였어요.

제자백가의 사상은 훗날 정치와 문화에 깊은 영향을 끼쳤어요.

 겸애

모든 사람을 두루 사랑하라는 뜻이야.

 부국강병

나라의 경제를 넉넉하게 하고, 군사력을 튼튼히 하는 것이야.

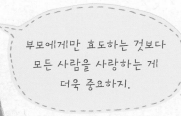

부모에게만 효도하는 것보다 모든 사람을 사랑하는 게 더욱 중요하지.

묵자

평화 사상을 주장했어. 모든 사람을 똑같이 사랑하는 '겸애'를 중요시했어.

법률을 엄격하게 정하고 집행해야 부국강병을 이룰 수 있어.

한비자

엄격한 법과 벌을 강조했어. 또, 공로를 인정하여 상을 준다면 백성들이 저마다 노력할 것이라고 주장했어.

만리장성을 쌓은 진나라

전국 7웅 중에서 진(秦)나라는 서부 변방에 떨어져 있어서 유독 발전이 느렸어요. 때문에 오랑캐라는 소리까지 들었지요.

이에 진나라는 '부국강병'을 목표로 하고 법가 사상을 받아들여 나라를 개혁하기 시작했어요. 백성들을 법으로 철저히 통제하고, 나라와 국민들의 생각을 통일하는 데 힘썼어요. 또한 조세 제도를 새로 고쳐 더 많은 세금을 거둬들였지요. 그리고 전쟁에서 조금이라도 공을 세운 군사는 계급을 높여 주는 혜택을 주어 군대를 강하게 만들었어요. 이런 노력은 나랏일을 원활하게 하고 생산성을 높이는 데 도움이 되었어요.

마침내 이를 바탕으로 진나라의 왕 정(政)은, 기원전 221년, 전국 7웅이라 불리던 주변 나라들을 차례로 멸망시키고 최초로 중국 땅을 통일시켰어요.

황제는 삼황오제(三皇五帝)에서 따온 말이었어요. 뿐만 아니라 자신이 처음 황제란 호칭을 사용했다는 뜻으로 자신을 '시(始, 처음이라는 뜻)황제'라 부르도록 했어요.

조세 제도

나라를 운영할 돈을 국민들에게 거둬들이는 제도야.

삼황오제

중국 전설에 등장하는 8명의 왕이야. 기록에 따라 부르는 말은 약간씩 다르지만, 삼황은 복희씨, 여와씨, 신농씨를 말하고, 오제는 황제, 전욱, 제곡, 요, 순을 말한다고 해. 이들은 인류를 낳고, 백성들에게 농업을 가르치는 등 나라를 이롭게 만들었다는 전설이 있어.

이어 강력한 통일 국가를 만들기 위해 여러 가지 정책을 펼쳤어요.

우선 봉건 제도를 폐지하고 군현제를 실시했어요. 군현제란 전국을 36개의 군(郡)으로 나눈 뒤에, 다시 그 아래에 여러 개의 현(縣)을 두어 다스리는 방법인데, 중앙에서 직접 관리를 파견함으로써 강력한 집권 체제를 유지할 수 있었지요.

이어 길이, 무게, 부피의 단위인 도량형을 통일시켰고, 전국의 길을 잘 닦게 했어요. 이는 혹시라도 지방에 반란이 일어나면 즉시 제압하기 위한 것이었어요.

시황제는 사상의 통일도 시도했어요. 유가 사상에서 주장하는 도덕 정치를 위험한 것으로 간주하고 엄격하게 금지했어요. 학자들의 다양한 생각을 담은 책들도 읽지 못하게 했지요.

"백성들은 의약, 농업과 관련된 책 외에는 모든 책을 내놓아라!"

진나라 조정은 책을 모두 뺏어서 불태웠어요. 뿐만 아니라 이 과정에서 수많은 학자들을 산 채로 땅에 묻기도 했답니다. 이를 분서갱유(焚書坑儒) 사건이라 불렀어요.

나라 밖에서도 문제가 있었어요. 북방에서 흉노족이 끊임없이 진나라를 위협하고 있었거든요.

"몽염 장군은 30만 군사를 이끌고 북방으로 가서 흉노족을 토벌하라!"

그리하여 진나라는 흉노족 땅의 일부를 차지했지요. 하지만 그것으로도 마음이 놓이지 않는 시황제는 만리장성을 쌓으라고 명령을 내렸어요. 흉노족의 침입에 대비한다는 것이었지요. 길이만 동서로 2700킬로미터에 이르는 산성이었어요.

만리장성을 짓기 위해 수많은 농민이 동원되었어요. 높은 산과 절벽 골짜기를 잇는 위험한 공사였던 탓에

분서갱유

분서는 책을 불태워 재를 만든다는 뜻이고, 갱유는 산 사람을 땅에 묻었다는 뜻이야.

공사 도중에 많은 백성들이 다치기도 했지요.

　시황제는 이밖에도 자신의 권위를 드러내기 위한 일에 적극적이었어요.

　"황제의 위엄을 보일 수 있는 아방궁을 짓도록 하라!"

　아방궁은 한번에 1만 명 이상이 모일 수 있는 궁궐 내의 독특하고 화려한 건축물이었어요. 뿐만 아니라 죄수들을 동원해 동서로 485미터, 높이는 76미터에 이르는 진시황릉을 짓도록 했어요.

　백성들은 엄청난 고통에 시달려야 했어요. 겉으로는

진나라 시대의 만리장성
지금의 만리장성보다
더 북쪽에 있었다.
현재의 만리장성은
진나라 이후, 명나라 때까지
쌓은 것이 남아 있다.

복종했지만, 속으로는 불만이 쌓여 갔어요. 번번이 가혹한 노동에 시달려야 했고, 시도 때도 없이 걷어 가는 세금도 큰 부담이었어요.

진시황릉의 병마용갱
세계에서 가장 큰 묘로, 진시황릉의 큰 특징 중 하나는 병마용갱이다. 왕을 호위하는 군사들의 모습을 본떠 만든 인형 약 6,000여 개가 묻혀 있었다.

하지만 시황제는 백성들을 돌보지 않았어요. 영원히 살고 싶다는 생각에만 빠졌지요.

"나는 영원한 생명을 얻을 것이다. 불로불사(不老不死, 늙지도 죽지도 않는다는 뜻)의 약초를 찾아라!"

그러나 세상에 없는 불로초를 구할 수 있는 사람은 없었어요. 기원전 210년, 시황제는 지방을 순회하다가 갑작스럽게 세상을 떠나고 말았어요. 그리고 우여곡절 끝에 시황제의 막내아들 호해가 왕위에 올랐어요.

호해는 시황제처럼 유능하지도 않았고, 수완도 없었어요. 게다가 신하들에게 휘둘려 나랏일을 제대로 돌보지 못했어요.

결국 정치가 문란해졌고, 참지 못한 백성들은 반란을 일으켰답니다. 한나라를 세운 항우와 유방도 그들 중 하나였어요.

유방
한나라의 첫 번째 왕이다. 항우와의 싸움에서 승리하여 중국을 통일하고 한나라를 세웠다.

유방과 항우, 한나라의 탄생

진나라 말기, 반란을 일으킨 수많은 사람들 중 가장 두각을 나타낸 사람은 항우였어요. 항우의 가문은 장수로 이름난 집안이어서 그를 따르는 무리들이 많았지요. 유방도 그중의 하나였어요.

항우와 유방은 군사를 나누어 각각 다른 방향에서 진나라의 군대와 싸웠어요. 이때 유방은 항우보다 한발 앞서 진나라의 도읍인 셴양을 점령하고 진나라 황제의 항복을 받아 냈어요. 이 소식을 들은 항우는 부랴부랴 셴양으로 달려갔어요.

항우는 궁전에 불을 지르고, 약탈을 서슴지 않았어요. 심지어 시황제의 왕릉까지 파헤쳐 보물을 훔쳤어요. 왕을 살해한 것도 항우와 그의 군사들이었어요. 언젠가는 유방이 자신을 위협할 수도 있다는 생각에 유방까지 살해하려 했답니다.

유방은 가까스로 도망쳐 나와 항우와 싸우지 않으면 안 되었어요. 이 싸움을 초한전(楚漢戰)이라 해요. 왜냐하면 항우는 스스로 '서초(西楚)의 패왕(覇王)'이라 불렀고, 유방을 '한왕(漢王)'이라 불렀기 때문이에요.

유방을 따르는 무리는 점점 더 많아졌어요. 그것은

유방이 항우와 달리, 정책 하나를 펼치는 데에도 백성들의 마음을 잘 살폈기 때문이에요. 유방은 많은 농민의 지지를 얻을 수 있었어요. 그래서 처음에는 군사력이 우세한 항우가 싸움을 이겼지만, 나중에는 유방이 유리해졌어요. 시간이 지날수록 유방을 돕는 사람들이 늘어났고, 마침내 항우를 따르던 제후들도 유방을 따르기 시작했어요. 결국에는 항우가 유방에게 쫓겨 달아나는 신세가 되고 말았지요.

유방은 중국을 재통일하고 한(漢)나라를 세웠고, 황제에 올랐어요.

유방은 한나라의 초대 황제, 한 고조의 본명이랍니다. 그는 도읍을 장안으로 삼은 뒤 신하들에게 알렸어요. "군국제를 실시할 것이다."

군국제는 봉건 제도와 군현제를 절충한 것이었어요. 도읍과 열다섯 개 군은 황제가 직접 다스리고 나머지 지역은 제후들이 다스리도록 하는 방법이었지요. 아직 전국에 통치력이 뻗치지 못해 어쩔 수가 없었어요.

또한 유방은 고향을 두고 떠나온 많은 병사들을 고향으로 돌려보냈고, 농민들이 편하게 농사를 지을 수 있도록 세금을 낮추는 등 나라가 안정을 찾는 데 힘을 기울였어요. 한나라는 빠르게 평화를 찾아갔답니다.

 # 비단길이 열리다

한나라 황제의 힘이 전국에 뻗치게 된 것은, 일곱 번째 황제인 무제(武帝) 때였어요. 몇몇 제후들이 독립을 꾀하며 반란을 일으켰는데, 무제는 반란을 진압하고 관리를 직접 파견함으로써 통치권을 확립했어요.

하지만 그럼에도 불구하고 무제가 매우 신경 쓰는 곳이 있었어요. 북방의 흉노족이었지요.

"황제 폐하! 오래전 고조(유방)가 흉노와 싸워 패한 뒤, 우리 한나라는 흉노에 황실의 여인을 보내 그들의 왕비로 삼게 하고 있습니다. 그럼에도 불구하고 저들은 틈만 나면 노략질에 약탈을 서슴지 않습니다."

무제는 흉노족의 싹을 잘라야 한다고 생각했어요. 하지만 흉노의 세력이 워낙 강해서 전면전을 치를 수는 없었지요. 우선 무제는 서역(중국의 서쪽 변방을 포함하여 지금의 중앙아시아 쪽)에 있던 '대월지'라는 나라와 동맹을 맺기로 했어요. 그 나라 역시 흉노라면 치를 떠니, 함께 흉노를 공격한다면 이길 가능성이 있다고 판단한 거예요.

장건이 그 임무를 맡고 떠났어요. 여행은 아주 험난했어요. 기후도 나빴고, 사막과 험한 산이 연이어 있었

장건
한나라의 외교가였어. 장건으로 인해 동양과 서양 간의 교통과 문화 교류의 길이 시작되었어.

지요. 게다가 흉노족의 땅을 지나야 했기 때문에 언제 목숨을 잃을지 알 수 없는 상황이었어요.

과연 장건은 우려했던 대로 흉노족에게 잡히고 말았어요. 그는 무려 10년이나 포로 생활을 하면서 고통스러운 나날을 견뎌야 했어요.

장건은 10년 후, 비로소 대월지에 도착해 황제의 뜻을 전달할 수 있었어요. 함께했던 100여 명의 사신은 장건 외에 딱 2명밖에 남지 않았어요. 그러나 대월지는 한나라의 청을 거절했어요.

"흉노가 도리어 우리를 공격할 것이 두렵소! 우리는 흉노와 싸우지 않겠소."

장건은 하는 수 없이 한나라로 되돌아와야 했어요.

"폐하! 대월지와 동맹을 맺는 일은 실패하였사오나, 제가 나선 길 저편 서역에는 기이한 나라와 신기한 문물들이 많다는 것을 알게 되었사옵니다."

무제는 장건의 말을 듣고 서역의 여러 나라와 교역을 하고 싶어 했어요. 그러던 중, 기원전 119년에 흉노의 왕은 한나라군의 공격으로 고비 사막 북쪽으로 도망쳐 버렸어요. 흉노족의 위험이 사라지자 상인들이 장건이 대월지로 갔던 길을 따라 오가기 시작했어요.

서역에서는 포도주를 비롯해 호두, 깨와 같은 물건들

비단길

중국과 서아시아, 지중해 연안 지방을 연결하였던 길을 말해. 중국의 특산물인 비단을 서역의 여러 나라에 가져간 데서 생긴 말이야. 실크로드라고도 불러.

구슬무늬 그릇 도자기
비단길을 통해 투르판에 전해진 도자기이다.

이 들어왔고, 한나라에서는 비단을 서역에 보냈지요. 문물과 함께 문화도 전해졌어요.

동서 교역의 통로가 된 이 길을 사람들은 비단길이라 불렀어요. 날이 갈수록 교역은 더 활발해졌고, 한나라 왕실과 귀족, 백성들의 살림살이도 훨씬 풍요로워졌답니다. 이에 자신감을 얻은 무제는 탄탄해진 군사력을 바탕으로 남쪽의 남월(오늘날의 베트남)까지 진출했고, 동쪽의 고조선을 공격해 무너뜨렸어요. 한나라의 영토는 고조 때에 비해서 엄청나게 넓어졌지요.

무제는 영토 확장에만 힘쓴 것이 아니라, 나라 안을 다스리는 일에도 힘썼어요.

특히 유학을 나라의 이념으로 삼아서,

백성들에게 나라에 충성하고 부모에 효도하는 덕목을 중시하게 했어요. 유학의 경전을 전국적으로 가르치게 하고, 관리를 뽑을 때에도 유학을 시험 과목으로 삼았지요.

그런 덕분에 유학이 한나라뿐만 아니라, 한국을 비롯한 주변의 여러 나라에 퍼져 나갈 수 있었어요.

유학

공자의 가르침을 바탕으로 하는 학문이야.

후한의 등장과 멸망

더없이 견고해 보였던 한나라는 무제가 세상을 떠나자 금세 흔들렸어요. 무제의 신하들이 서로 권력을 두고 다툼을 벌였기 때문이에요. 이 싸움 끝에 권력을 손에 넣은 사람은 왕망(王莽)이었어요.

왕망은 한나라 왕실의 맥을 끊고 스스로 새로운 왕조를 세우며 나라의 이름을 '신(新)'이라 했어요. 그럼으로써 한나라는 일시적으로 멸망하는데, 그래서 이전까지의 한나라를 '전한(前漢)'이라 불러요.

신나라를 세운 왕망은 모든 분야에서 개혁을 서둘렀어요. 전한 말기에 새로 등장한 호족 계급과 대상인들에게 부가 집중되었기 때문이에요.

호족 계급

큰 땅을 소유하면서, 경제력을 바탕으로 정치 권력까지 손에 넣은 새로운 계층이야.

"우선 토지 제도부터 고쳐야겠소. 전국의 토지를 왕전(王田, 국가 소유의 땅)으로 만들겠소."

왕망은 그 외에도 여러 가지의 경제 정책을 내놓았지만, 번번이 실패하고 말았어요. 백성들은 왕망에게 차츰 실망하기 시작했어요. 더구나 이즈음, 다시 국경을 넘나드는 흉노족의 문제도 해결되지 않았어요. 내부에서는 전한의 왕족들이 반란을 일으켰지요. 결국 왕망의 신나라는 불과 15년 만에 멸망하고 말았답니다.

그리고 권력을 잡은 사람은, 옛 왕실의 친척인 유수(劉秀)였어요. 그는 다른 세력들을 모두 평정한 뒤, 뤄양에 도읍을 정하고 새 나라를 열었어요. 이 나라가 바로 후한(後漢)이에요.

황제(광무제)가 된 유수는 왕망 시대의 제도를 모두 폐지하고, 전한 시대의 제도를 그대로 따르면서 교육 기관을 세웠어요.

"교육 기관을 설치하고 오경박사를 두겠소."

그리고 백성들의 고통을 덜기 위해 토지에 매기는 세금도 낮췄지요. 또, 서역으로의 진출을 시도해 대진국(로마)에 장수를 파견하고자 했어요. 물론 대진국까지는 못 가고 페르시아만까지 갔지만요. 하지만 이 덕분에 한나라는 서방의 여러 나라에 그 이름을 알렸어요.

오경박사

오경이란, 유교의 다섯 가지 경전인 《주역》, 《시경》, 《예기》, 《춘추》, 《서경》 등의 책을 말하며, 박사는 이를 가르치는 교육 기관의 관직을 말하지.

한편, 호족이 성장하며 점차 왕실의 지방에 대한 통제력이 크게 약해졌어요. 땅을 많이 가진 호족들이 점점 더 중앙 정부의 말을 듣지 않고, 제멋대로 행동을 했기 때문이에요. 그런 탓에 왕실에서는 호족들이 농민들의 토지를 함부로 빼앗거나 가혹한 세금을 매겨도 아무런 조치를 취할 수가 없었지요.

농민들 중 상당수가 논과 밭을 빼앗기고 굶어 죽거나 도적이 되었어요. 그리고 마침내 반란이 일어났지요. 이 반란은 농민들이 일제히 머리에 노란 수건을 쓰고 난을 일으킨 탓에, 황건적의 난이라고 불렸어요. 하지만 후한의 황실은 전국에서 일어나는 반란을 잠재울 수가 없었어요.

황건적의 난

나라의 잘못된 정치로 가난에 시달리던 농민들이 반란을 일으킨 사건을 말해. 이들 모두 머리에 노란 수건을 두르거나, 노란 깃발을 들고 있어서 '황건적'이라고 불렸어.

"호족들에게 군사권을 주겠소. 농민의 난을 진압해 주시오."

결국 호족들은 막강한 경제력으로 군사를 키웠고 그 힘으로 농민의 난을 진압했어요.

하지만 그것은 후한 황실의 큰 실수였어요. 호족들은 농민의 난을 진압한 뒤에도 군대를 해산하지 않았어요. 오히려 그 힘을 더 키우며, 저희끼리 다투었지요. 그리고 마침내 큰 세력을 일으켜 나라를 세웠어요. 결국 후한은 황건적의 난을 계기로 멸망하고 말았어요.

후한은 이렇게 저물었지만, 남긴 것도 많았어요. 중국 역사의 아버지라 불리는 사마천이 《사기》라는 역사책을 썼고, 불교가 수입되어 널리 퍼지기 시작한 것도 이 때였어요.

3천 년의 중국 역사가 담긴 사마천의 《사기》

사마천의 《사기》는 요, 순시대부터 한무제까지의 역사를 기록하고 있어요. 이전의 다른 역사책과 다른 점은 단순하게 시간 순으로 역사를 기록한 것이 아니라, 통치자를 중심으로 그 주위의 여러 사람들 이야기를 곁들이고, 나아가 제도와 문물에 관한 내용까지 기록했다는 점이에요. 이런 역사 서술 방식은 후대에 널리 전해졌고, 주변의 여러 나라들에서도 본받았답니다.

채륜은 나무의 섬유와 밀의 줄기를 뽕나무 껍질과 섞어서 빻은 후, 끓이고 말리는 과정을 거쳐 종이를 만들었어요. 채륜의 종이 발명은 지식을 널리 보급하는 계기를 만들었어요. 이 기술은 훗날 유럽에도 전해졌어요.

호족이 세운 나라 중에 특히 두각을 나타내었던 나라는 위나라, 촉나라, 오나라예요. 후한이 저물고 이른바 '삼국 시대'가 시작된 것이에요.

채륜과 종이
채륜은 비단이나 대나무 등에 글을 쓰는 데 드는 많은 비용과 불편함을 해결하기 위해 종이를 만들었다.

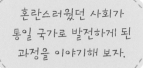

혼란스러웠던 사회가 통일 국가로 발전하게 된 과정을 이야기해 보자.

비단길의 흔적을 찾아서

둔황 천불동

둔황은 동·서양 문명 교류의 통로였던 비단길의 중심 도시였어요.
이곳에 세계 문화 유산으로 지정되어 있는 석굴인 천불동이 있어요.
366년부터 약 천 년 동안 승려와 상인 등 수많은 사람들이 드나들면서
크고 작은 굴을 파서 만들어졌어요.

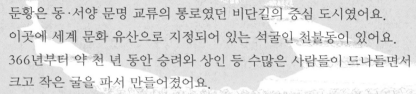

남북조시대 후기에 만들어진 불교 성지예요.
베제클리크는 '아름답게 장식한 집'이란 뜻이에요.
80여 개 석굴 가운데 50여 개의 석굴 내부에
불교적인 벽화와 위구르 사람들의
벽화가 그려져 있어요.

베제클리크 천불동

교하 고성

교하 고성은 비단길의 중요한 장소로
고창 도성의 유적이에요.
두 개의 하류가 만나는 벼랑에 위치해서
교하라는 이름을 붙였어요.
세계에서 가장 오래되고
가장 규모가 큰 토성이에요.

고창 고성은 비단길의 중요한 장소로
'지세가 높고 평탄하며 사람이 번성하는 곳'이라는 뜻의
'고창'이라고 이름이 붙여졌어요.
동·서양의 종교가 서로 영향을 주고받은 곳이에요.
그 안에는 궁궐의 흔적과
다양한 종교 사원, 벽화가 남아 있어요.

고창 고성

소공탑

1777년 청나라 건륭제 때 투루판의 군왕 소래만이
자신의 아버지를 위해 세워 소공탑이라고 불리어요.
신장웨이우얼자치구에 현존하는 최대의 오래된 탑이며,
이슬람교의 건축물이기도 해요.

찾아보기

ㄱ

간석기 21
갑골 문자 53, 57
갠지스강 48
공자 109~110, 123
공중 정원 70~72
구석기 14, 17~19, 24
군국제 119

ㄴ

나일강 29~30, 37~39
네부카드네자르 2세 70~72
네안데르탈인 15, 17
노자 110

ㄷ

다리우스 1세 75, 88
도량형 75, 113
도편 추방법 85
델로스 동맹 91, 93
뗀석기 14, 21

ㅁ

마라톤 88~89
만리장성 112, 114~115
메소포타미아 문명 29~31, 47, 56
모헨조다로 46~47, 57
묵자 111
미케네 문명 60~62, 64
밀로의 비너스 102, 104

ㅂ

바빌로니아 왕국 33~37
베다 48~49
봉건 제도 53~54, 113, 119
부족 사회 23
불가촉천민 50
브라만 49~51
비단길 119, 122, 128~129
빙하기 12, 16

ㅅ

사기 126

4대 문명 29, 56

사마천 126

삼황오제 112

상나라 52~53, 56

상형 문자 39, 53, 56~57, 66

설형 문자 32, 66

성읍 국가 52

소크라테스 95

소피스트 94

시황제 114~117

신석기 21~22, 25

스톤헨지 22

스파르타 85~93

씨족 사회 23

쐐기 문자 32, 36, 56

ㅇ

아고라 80~81

아슈르바니팔왕 67~69

아시리아 67~70

아테네 80, 83~96

알렉산드로스 대왕 96~103

알렉산드리아 99, 101

아르키메데스 102

알타미라 동굴 벽화 19

에게 문명 61

에피쿠로스 102

오경박사 124

오디세이 64, 94

오리엔트 문명 60

오스트랄로피테쿠스 13~14, 16

올림피아 81~82

유방 116~119

유인원 12~13, 15

유학 122~123

이집트 문명 29, 37, 56

이슈타르 문 70

인더스 문명 29, 45~48, 56

일리아드 64, 94

찾아 보기

ㅈ

장건 120~121

전국 시대 108~111

정전제 54

제자백가 110~111

주나라 53~55, 108~109

주왕 53

중장 보병 89

지구라트 32, 34, 56

진나라 109~117

ㅊ

채륜 127

초한전 117

춘추 시대 109

ㅋ

카스트 제도 49, 51

쿠푸왕 41~42

크노소스 궁전 61~62

크로마뇽인 16~17

크레타 문명 61

키루스 2세 73~75

ㅌ

투탕카멘 44

트로이 전쟁 62, 64, 94

ㅍ

파라오 40~44, 56, 68, 99

파피루스 39

페니키아 64~66, 99

페르시아 전쟁 88, 91

펠로폰네소스 동맹 93

펠로폰네소스 전쟁 91, 93

폴리스 80~85, 91~96

표음 문자 66

피라미드 40~42, 56

ㅎ

한나라 109, 116~124

한비자 111

함무라비 법전 35~37

함무라비왕 35~37, 66~67

항우 116~118

헤로도토스 95

헤로필로스 102~103

헬레니즘 98~104

호메로스 64, 94

호모 사피엔스 15, 17

호모 사피엔스 사피엔스 16~17

호모 에렉투스 14~16

호족 123~127

황하 문명 29, 51, 56

사진 자료 사용에 도움을 주신 곳

연표로 보는 세계사의 흐름